n° 13 *Verriers fayanciers*

ARTICLES,
STATUTS,
ORDONNANCES
ET REGLEMENS

De la Communauté des Gardes-Jurés , anciens
Bacheliers & Marchands Verriers , Maîtres Couvreurs de Flacons & Bouteilles en osier , Fayance
& autres espéces & Marchandises de Verre , de
de la Ville , Fauxbourgs , Banlieuë , Prevôté &
Vicomté de Paris.

A PARIS,

Chez Pierre-Guillaume Simon , Imprimeur
du Parlement, rue de la Harpe, à l'Hercule.

M. DCC. XLII.

LETTRES PATENTES
DU ROY,

Portant confirmation des Statuts & Ordonnances de la Communauté des Marchands Verriers-Fayanciers, Couvreurs de Flacons & Bouteilles en osier, de la Ville & Fauxbourgs de Paris.

Données à Paris au mois de Février 1659.

LOUIS par la grace de Dieu Roy de France & de Navarre : A tous présens & à venir, SALUT. Nos chers & bien-amez les Gardes-Jurés, anciens Bacheliers & Maîtres de la Communauté des Verriers, Couvreurs de Flacons & Bouteilles en osier, Fayance & autres espéces & Marchandises de Verre de notre bonne Ville, Fauxbourgs, Banlieuë, Prevôté & Vicomté de Paris, Nous ont très-humblement fait remontrer, que comme l'industrie de leur Art en a heureusement imité la science, & que par leur secours commun ils ont merité l'admiration des Nations les plus éloignées, jusqu'à tel point, qu'elles recherchent le négoce de leurs Marchandises & Ouvrages, à l'avantage de notredite Ville. Ils ont aussi été obliges de faire dresser de nouveaux Statuts, conformes à l'usage qu'ils ont introduit en ladite Communauté, sur les ancien-

A ij

nes Ordonnances que le feu Roy Henry IV. notre Ayeul, leur
accorda dès le mois de Mars 1600. regiftrées en notre Parlement de Paris le douziéme May enfuivant, afin que le Public
en reffente les effets, qu'en leur particulier ils ayent lieu de vi-
vre fous la douceur d'une Police certaine, & que tous nos Peuples n'ayent plus la crainte d'être envelopés dans les abus que
la fuite des fiecles paffés leur a fait éprouver, même ils Nous
ont fait voir qu'ils n'ont jamais manqué de Nous fecourir dans
les néceffités de notre Etat, & qu'ils n'ont pas feulement ex-
pofé leurs perfonnes lorfqu'il s'agiffoit de la confervation du
repos de notredite Ville, mais encore qu'ils ont tiré des deniers
de leurs bourfes qu'ils ont porté à notre Epargne, afin de mériter l'honneur de notre bienveillance, enforte qu'ils Nous ont
requis nos Lettres néceffaires pour le fuccès defdits nouveaux
Statuts. A CES CAUSES, après les avoir renvoyés par Arrêt de
notre Confeil du 30 Avril 1658. à notre Prevôt de Paris, ou
fon Lieutenant Civil, & à notre Procureur au Châtelet dudit
lieu, pour Nous donner leurs Avis fur iceux, & que le deuxiéme Décembre ils Nous en ont fait reconnoître l'équité : De
l'Avis de notre Confeil qui a vû la Requête que les prédéceffeurs des Expofans préfenterent audit feu Roy Henry IV. de
glorieufe mémoire, notre Ayeul, au mois de Janvier 1600.
pour obtenir la conceffion de leurs Statuts ; Les Lettres de
renvoi d'iceux audit Prevôt de Paris & à notre Procureur audit Châtelet, pour y donner leurs Avis, du dix dudit mois ;
l'Avis intervenu fur iceux le deuxiéme Mars en ladite année.
Relief d'adreffe à notre Parlement, pour en faire l'Enregiftrement, du vingt-troifiéme enfuivant. L'Enregiftrement en icelui, fur les Conclufions de notre Procureur General, du douziéme May de la même année. Quittance de quarante livres
qu'ils ont payée entre les mains du Tréforier des Parties Cafuelles, à caufe de l'Avénement à la Couronne du défunt Roy,
de glorieufe mémoire, notre très-honoré Seigneur & Pere, le
feiziéme Juin 1612. Autre Quittance de la fomme de mille livres que lefdits Expofans ont payée aufdites Parties Cafuelles
pour notre Avénement à la Couronne, le 7 Mars 1644. Autre Quittance de pareille fomme de mille livres qu'ils ont fi-
nancée à notre Epargne le vingt-cinquiéme May de ladite année 1658. pour jouir de la fuppreffion des Lettres qui avoient

5

accoutumé d'être accordées en confidération des Avenemens des Rois à la Couronne, Majorités, Mariages, Entrées dans les Villes, Naiſſances de Dauphins, Enfans de France & Premier Prince du Sang : Comme auſſi pour le Couronnement, Entrées & Régence des Reines & de toutes autres, pour quelque cauſe & occaſion que ce ſoit, ſuivant notre Déclaration du vingtiéme Août 1657. Regiſtrée en notredit Parlement le quatriéme Septembre enſuivant ; leſdits nouveaux Statuts, l'Arrêt de notredit Conſeil, du trentiéme dudit mois d'Avril 1658. portant renvoi pour avoir avis ſur icelui, ledit avis du dixiéme Décembre de ladite année, le tout ci-attaché ſous le contre-ſcel de notre Chancellerie, de nos grace ſpéciale, pleine puiſſance & autorité Royale. NOUS avons par ces Préſentes ſignées de notre main, Avons dit, ſtatué & ordonné, diſons, ſtatuons & ordonnons, voulons & Nous plaît, que leſdits Statuts, au nombre de trente-ſix Articles, ſoient dorénavant exécutés ſelon leur forme & teneur. Si DONNONS EN MANDEMENT à nos amez & féaux Conſeillers, les Gens tenans notre Cour de Parlement de Paris, Prevôt dudit lieu ou ſon Lieutenant, & autres nos Officiers qu'il appartiendra, que ceſdites Préſentes ils faſſent lire, publier & regiſtrer, icelles obſerver & garder de point en point ſelon leur forme & teneur, & leſdits Expoſans joüir & uſer pleinement deſdits Statuts à toujours & perpétuellement, contraignant de ce faire, ſouffrir & obéir tous ceux qu'il appartiendra. CAR tel eſt notre plaiſir ; & afin que ce ſoit choſe ferme & ſtable à toujours, Nous avons fait mettre notre Scel à ceſdites Préſentes, ſauf notre droit en autre choſe & l'autrui en toutes. DONNE'ES à Paris au mois de Février, l'an de grace mil ſix cent cinquante-neuf, & de notre Regne le ſeizieme. Signé, LOUIS. Et ſur le repli, Par le Roy en ſon Conſeil, DE GUENEGAUD, Et ſcellées du grand Sceau de cire verte, ſur lacs de ſoye rouge & verte.

Regiſtrées, oüi & ce requerant le Procureur Général du Roy, pour être exécutées, & jouir par les Impètrans de l'effet & contenu en icelles, ſelon leur forme & teneur, aux charges portées par l'Arrèt de ce jour. A Paris en Parlement le premier Juillet mil ſix cent cinquante-neuf. Signé, DUTILLET.

ARTICLES,

STATUTS, ORDONNANCES ET REGLEMENS, de la Communauté des Gardes-Jurés, anciens Bacheliers, & Marchands Verriers, Maîtres Couvreurs de Flacons & Bouteilles en osier, Fayance & autres especes & Marchandises de Verre de la Ville, Fauxbourgs, Banlieuë, Prevôté & Vicomté de Paris : Tirés des anciens Statuts de ladite Communauté, accordés par Lettres Patentes du feu Roy, de glorieuse mémoire, Henry IV. du mois de Mars 1600. Regiſtrées au Châtelet de Paris le vingt dudit mois, ſur l'avis des Lieutenant Civil & Procureur de Sa Majeſté en icelui, & vérifiées en Parlement le douziéme May enſuivant.

Par Me René HARENGER, Avocat en Parlement & aux Conseils d'Etat & Privé du Roy.

ARTICLE I.

LA ſuite des tems a heureuſement fait connoître que les Marchands Verriers, Maîtres Couvreurs de Flacons & Bouteilles en osier, Fayance & autres eſpeces & Marchandiſes de Verre, de la Ville, Fauxbourgs, Banlieuë, Prevôté & Vicomté de Paris, ont toujours été ſoigneux de conſerver en leur negoce les véritables marques d'un honneur incorruptible, & que la fidélité a ſecondé dans les Manufactures de leurs ouvrages, les belles idées de leurs premieres réſolutions, de ſorte que comme l'un les a rendus récommandables, l'autre leur a fait mériter des applaudiſſemens des Peuples : Et afin de leur donner ſujet de s'y maintenir glorieuſement, tous leurs Procès, differends & conteſtations demeureront en la Juriſdiction dudit

Châtelet en premiere Inftance, & par appel audit Parlement, pour quelque caufe, fujet & conteftation que ce puiffe être.

I I.

Suivant le premier Article des Statuts de ladite Communauté du mois de Mars 1600. & en confidération de la Finance qu'elle paya dès-lors en faveur du feu Roy Henry IV. furnommé le Grand, tous ceux qui en ont jufqu'à préfent conduit le négoce, jouiront de leurs droits, feront maintenus en leurs franchifes & demeureront dans leur rang ordinaire, fans reftriction ni changement quelconques.

I I I.

En expliquant le deuxiéme Article defdits Statuts du mois de Mars 1600. Nul ne pourra être reçû Maître dudit Art, qu'il n'ait fait fon Apprentiffage de la maniere qui fera ci-après déclarée, & que de fes propres mains il n'ait fait le chef-d'œuvre, pour le regard feulement de la Couverture des Flacons, Bouteilles & autres efpeces que les Jurés leur auront prefcrit.

I V.

Nonobftant le troifiéme Article defdits Statuts du mois de Mars 1600. les Apprentifs feront obligés pardevant Notaires dudit Châtelet de Paris, en préfence defdits Jurés, pour cinq années entieres, puis ferviront les Maîtres deux autres années en qualité de Compagnons, & pourront par ce moyen parvenir à la Maîtrife dudit Art, attendu l'experience & connoiffance entiere qu'ils y auront acquife.

V.

Les Maîtres ne pourront prendre d'Apprentifs que le tems de cinq années porté par les Brevets de ceux qu'ils auront à leur fervice, ne foit expiré, comme il eft déclaré par le huitiéme Article defdits Statuts du mo's de Mars 1600.

V I.

Chacun defdits Maîtres ne pourra prendre ni obliger aucun Apprentif, qu'après cinq ans qu'il aura été reçû Maître de ladite Communauté.

V I I.

Et conformément aux quatre & dixiéme Articles defdits Statuts du mois de Mars 1600. en cas du décès du Maître, l'Apprentif pourra achever le refte de fon tems fous la veuve, qui pendant fa viduité feulement, jouira du Privilege de tenir Boutique ouverte & faire le negoce dudit Art, ainfi que fi fon mari étoit vivant.

VIII.

Le cinquiéme Article defdits Statuts fera inviolablement exécuté; & pour y fatisfaire, après que l'Afpirant aura parachevé, chez l'un defdits Jurés, le Chef-d'œuvre qu'ils lui auront prefcrit, il fera dans les vingt-quatre heures après porté en la Chambre du Procureur de Sa Majefté audit Châtelet, prêtera Serment pardevant lui, fatisfera aux droits, tant defdits Jurés, que de tous autres ordinaires, & prendra Lettre Domaniale.

IX.

Tous ceux qui feront reçûs Maîtres de ladite Communauté donneront dix livres à la Boëte de la Confrairie, à la réferve des fils de Maîtres que l'on difpenfera de délivrer plus de trois livres, en confidération de leurs naiffances & des fervices que leurs peres ont pû rendre ou pourront faire en faveur de ladite Communauté.

X.

* Et garnit en or, argent & autre métail, comme il eft interprété par l'Arrêt de la Cour de Parlement du 18 Décembre 1711. rendu concurremment avec les Marchands Merciers.

Les Maîtres dudit Art auront la faculté de faire façonner * & enjoliver fur les Fayances & autres Ouvrages dépendans de leur Art, tout ce qu'ils eftimeront à propos pour la fatisfaction, la curiofité & le contentement du Public.

XI.

Défenfes & inhibitions très-expreffes feront faites à toutes perfonnes, de telles qualités & conditions qu'elles puiffent être, de fe mêler, entremettre, ni faire l'Art, Trafic & Négoce de ladite Communauté, s'il n'en a été reçû Maître, fuivant qu'il eft porté par le fixieme Article defdits Statuts du mois de Mars 1600.

XII.

Suivant le feptiéme Article defdits Statuts, pareilles défenfes feront faites à toutes perfonnes de colporter ou faire colporter aucunes Marchandifes ni Ouvrages dudit Art, par les ruës ou dans les maifons de ladite Ville, Fauxbourgs, Banlieuë, Prevôté & Vicomté de Paris, fi elles n'ont été admifes à la Maîtrife, à peine de punition exemplaire.

XIII.

Aux termes du neuviéme Article defdits Statuts, les enfans
defdits

defdits Maîtres feront une expérience telle que lefdits Jurés leur ordonneront, afin de conferver la gloire de ladite Communauté, & faire connoître que l'ignorance en doit être abfolument bannie, fans que lefdits enfans puiffent tenir lieu d'Aprentifs à leurs peres, & toutefois pourront être confiderés tels, fi quelques Maîtres de ladite Communauté les obligent envers eux.

X I V.

Pour fuivre la juftice du onziéme Article defdits Statuts, & en interpretant icelui, tous Marchands Forains qui ameneront en ladite Ville, Fauxbourgs, Banlieuë, Prevôté & Vicomté de Paris, toutes fortes de Verres communs, nuds, Flacons, Bouteilles couvertes d'ofier & Marchandifes dépendantes dudit Art, feront tenus, après les avoir fait décharger en leurs Hôtelleries ordinaires, d'en donner avis aufdits Jurés, pour en faire la vifite ; & dans les vingt-quatre heures les Maîtres de ladite Communauté en pourront faire l'achat fi bon leur femble.

X V.

En interprétant pareillement le douziéme Article defdits Statuts, après la vifite defdites Marchandifes, lefdits Marchands Forains feront tenus de faire icelles tranfporter aux Halles, pour y demeurer vingt-quatre heures, fans les pouvoir colporter ou faire colporter en ladite Ville, Fauxbourgs, Banlieuë, Prevôté & Vicomté de Paris, à peine de confifcation & d'amende arbitraire.

X V I.

Si dans lefdites vingt-quatre heures lefdits Forains n'ont débité leurs Marchandifes, le prix d'icelles fera mis par les Lieutenant Civil & Procureur de Sa Majefté audit Châtelet, en premiere Inftance.

X V I I.

Lefdits Maîtres ne pourront acheter au-delà des vingt lieuës, que la Marchandife faite & fabriquée feulement.

X V I I I.

Afin que les ordres que l'ufage a jufqu'à préfent fait heureufement introduire en ladite Communauté foient ponctuellement exécutés, il y aura quatre Jurés dudit Art, dont deux feront annuellement élûs le quinziéme du mois de Décembre, pardevant le Procureur de Sa Majefté audit Châtelet, les deux for-

B

tans rendront compte un mois au plus , après leur tems achevé , à peine d'être déchûs de ce qui leur pourroit être dû, &
les Vifites accoutumées feront faites exactement , fuivant le
treiziéme Article defdits Statuts du mois de Mars 1600. par
lefdits Jurés en Charge , fans qu'ils foient tenus d'obtenir autres permiffions ni *pareatis* des Hauts-Jufticiers ou autres , attendu qu'il s'agit d'un fait de Police , dont la connoiffance appartient au feul Prevôt de Paris.

X I X.

En interprétant le quatorziéme Article defdits Statuts du
mois de Mars 1600. Défenfes feront faites aufdits Jurés de
n'entreprendre aucune Inftance , Procès ni differends, en cas
d'appel , fans l'avis & confentement exprès des Bacheliers &
anciens Maîtres de ladite Communauté.

X X.

Le quinziéme Article defdits Statuts eft fi conforme au culte
divin & à la dévotion que l'on doit religieufement garder , pour
les jours recommandés par l'Eglife , que très-expreffes défenfes
& inhibitions feront faites aux Maîtres dudit Art , de n'étaler ,
vendre , colporter ou faire colporter aucunes Marchandifes en
ladite Ville, Fauxbourgs, Banlieuë , Prevôté & Vicomté de Paris , les Dimanches & les autres Fêtes de Commandement , à
peine de confifcation & d'amende arbitraire.

X X I.

Comme il eft déclaré par le feiziéme Article defdits Statuts ;
il fera très-expreffément défendu aux Maîtres Chandeliers ,
Graiffiers & autres , de fe mêler de l'Art defdits Marchands
Verriers & Maîtres Couvreurs de Flacons & Bouteilles en ofier,
Fayances & autres efpeces * & Marchandifes de Verre , ni de
vendre des Flacons, Bouteilles couvertes & non-couvertes , non
plus que des autres efpeces de Verre , provenans, tant de l'in-
duftrie , que de la fcience de Verrerie , nonobftant toutes Lettres de Regraterie , Haut-ban, Arrêts , Reglemens & Déclarations au contraire , que Sadite Majefté révoquera en confidération des fecours que les Roys fes Prédéceffeurs & Elle ont reçû
defdits Maîtres , dans toutes les occafions néceffaires, pour la
confervation de l'Etat.

* Comme Porcelaine des Indes & autres Pays étrangers, ainfi qu'il eft interprété par l'Arrêt du 18 Décembre 1711. où les Fripiers font déboutés.

X X I I.

Quoique défenfes ayent été faites aufdits Maîtres de vendre, étaler ni débiter de leurs Marchandises aux jours de Dimanches & Fêtes commandées : Néanmoins pour faciliter le besoin que les peuples ont de leur Art, il leur fera permis de le faire aux Fêtes de S. Laurent, de S. Germain & autres, où les Foires font fouffertes, & non autrement.

XXIII.

Conformément au dix-feptiéme Article defdits Statuts du mois de Mars 1600. Sadite Majefté fera très-exprès Commandement aufdits Maîtres de mettre aux Flacons & Bouteilles, de bonnes cordes à trois cordons, & des bouchons faits de bon chanvre ou d'étoupes bien nettes; & en cas qu'il s'en trouve d'étoupe de lin, ou autres immondices capables de gâter, empuantir & faire tourner le Vin, lefdits Maîtres feront condamnés en l'amende & leurs Marchandifes confifquées.

XXIV.

Il fera enjoint aux Marchands Forains de ne faire apporter aucuns Flacons, Bouteilles ou autres Vaiffeaux couverts d'ofier, en ladite Ville, Fauxbourgs, Banlieuë, Prevôté & Vicomté de Paris, qu'ils ne foient couverts de bon ofier, franc & coupé dans la faifon, & non d'autres, à peine de confifcation & d'amende arbitraire, fuivant le dix-huitiéme Article defd. Statuts.

XXV.

Si quelques Apprentifs ou Compagnons dudit Art, abufent des femmes, des veuves, des filles, des nieces, coufines, parentes, ou des fervantes de leurs Maîtres, ils feront dès-à-préfent declarés déchûs de pouvoir parvenir à ladite Maîtrife, & feront inceffamment pourfuivis en Juftice, pour en être fait une punition exemplaire.

XXVI.

L'Apprentif de ladite Ville de Paris, époufant une fille de Maître, ne fera tenu qu'à une legere experience, qui lui fera donnée par lefdits Jurés, pour parvenir à ladite Maîtrife, & mettra en la Boëte de ladite Communauté la fomme de cent cinquante livres pour toutes chofes, a la réferve des droits ordinaires qu'il payera aufdits Jurés.

XXVII.

Défenfes feront faites aufdits Maîtres de vendre de leurs Marchandifes & Ouvrages aufdits Maîtres Chandeliers, à peine de cent livres d'amende, applicables à l'Hôpital Général des Pauvres.

XXVIII.

Les droits des Vifites des Marchandifes Foraines feront réglés par Juftice , avec défenfes aufdits Jurés d'en exiger davantage, à peine de concuffion.

XXIX.

Pour fatisfaire au dix-néuviéme Article defdits Statuts du
mois de Mars 1600. lefdits Maîtres folemniferont en la maniere accoutumée les Fêtes du très-Glorieux S. Clair leur Patron ,
qui échéent au mois de Juillet & Novembre : Ils n'ouvriront
ces jours leurs Boutiques, ni ne feront action de leur Art, mais
affifteront au Service Divin , que ladite Communauté fait or-
dinairement célébrer , & fe comporteront avec toute révéren-
ce, refpect & honneur, à peine d'amende.

XXX.

Il y aura quatre Adminiftrateurs de la Confrairie de S. Clair,
dont deux feront tous les ans , le lendemain de ladite Fête ,
nommez à la pluralité des voix des anciens Bacheliers & Maîtres de Confrairie feulement, en la maniere accoutumée.

XXXI.

A cet effet, & pour rendre l'adminiftration de ladite Confrairie plus confidérable, nul ne pourra être dorénavant Juré
qu'il n'ait été Adminiftrateur d'icelle.

XXXII.

Les Apprentifs feront tenus, le propre jour que leur Brevet
aura été paffé, de donner à ladite Confrairie cent fols, & pareille fomme de cent fols à la Boëte de ladite Communauté,
pour faire fonds pour les frais des affaires d'icelle , à peine de
ne pouvoir parvenir à ladite Maîtrife.

XXXIII.

Les Maîtres de ladite Communauté feront obligés d'avertir
lefdits Jurés de toutes les malverfations qu'ils découvriront au
préjudice dudit Art, à peine d'amende arbitraire, ainfi qu'il eft
ordonné par le vingtiéme Article defdits Statuts du mois de
Mars 1600.

XXXIV.

Sa Majefté n'eut pas fi-tôt fupprimé toutes Lettres en faveur
des Communautés des Marchands, Négocians, Trafiquans &
Artifans de fon Royaume , & particulierement de fa bonne
Ville de Paris, par fa Déclaration du vingtiéme Août 1657.

Regiſtrée en ſon Parlement de Paris le quatriéme Septembre
enſuivant, que leſdits Maîtres, pour en mériter l'exécution à
leur égard, ont financé en ſes coffres la ſomme de mille livres,
ſuivant la quittance de ſon Tréſorier de l'Epargne, du vingt-
cinquiéme May 1658. Et ainſi afin qu'ils ne ſoient pas fruſtrés
de cette grace, leur Communauté demeurera dés-à-préſent
exempte & déchargée de toutes Lettres qui avoient accoutumé
de s'accorder en conſidération des Avenemens des Roys à la
Couronne, Majorités, Mariages, Entrées dans les Villes, Naiſſances de Dauphins, Enfans de France & Premier Prince du
Sang, Couronnemens, Entrées & Régences des Reynes, & de
toutes autres généralement quelconques, pour quelques cauſes
& occaſions que ce ſoient, conformément à ladite Déclaration,
pour en joüir paiſiblement, nonobſtant toutes Lettres au con-
traires, que Sadite Majeſte révoquera d'abondant, & ſans qu'il
ſoit beſoin de Réglement ni Mandement plus exprès.

X X X V.

Par la même conſideration de ladite Finance, nul Privilegié
dudit Art ne pourra tenir Boutique ouverte en ladite Ville,
Fauxbourgs, Banlieüe, Prevôté & Vicomté de Paris, qu'il n'ait
fait expérience en préſence deſdits Jurés, comme il a été jugé
par Arrêt contradictoire du Conſeil de Sadite Majeſté, du vingt-
huit Janvier 1625.

X X X V I.

Et pour ſoulager en quelque façon les peines continuelles
deſdits Jurés, ils feront déchargés de toutes Commiſſions ordinaires & extraordinaires de Juſtice & de Ville, pendant qu'ils
feront en Charge ſeulement.

VEU PAR NOUS DREUX DAUBRAY, Conſeiller du
Roy en ſes Conſeils, & Lieutenant Civil en la Prevôté &
Vicomté de Paris: Et Armant Jean & Riants, auſſi Conſeiller
du Roy en ſes Conſeils & ſon Procureur au Châtelet, Les nouveaux ſtatuts ci-deſſus dreſſés par la Communauté des Marchands Verriers, Maîtres Couvreurs de Flacons & Bouteilles
en oſier, Fayance & autres eſpeces & Marchandiſes de Verre,
de la Ville & Fauxbourgs de Paris, contenant trente-ſix Articles, les anciens Statuts de ladite Communauté.

NOTRE AVIS EST, ſous le bon plaiſir du Roy, que Sa Majefte peut accorder aufdits Verriers lefdits nouveaux Statuts, n'y ayant rien de préjudiciable au Public. FAIT ce dixiéme Décembre 1658. Signé, DAUBRAY, & DE RIANTS.

Regiftrées oüi ce requerant le Procureur général du Roy, pour joüir par les impetrans de l'effet y contenu felon leur forme & teneur, aux charges portées par l'Arrêt de ce jour. A Paris en Parlement le premier Juillet mil fix cent cinquante-neuf. Signé, DU TILLET.

Quittance du Tréforier des Parties Cafuelles, pour les Droits dûs à Sa Majefté, à caufe de fon avenement à la Couronne.

J'AY reçû des Maîtres, Jurez Couvreurs de Flacons & Bouteilles, & Marchands Verriers à Paris, la fomme de mille livres à laquelle ils ont été taxés au Confeil du Roy, pour le droit de confirmation dû à Sa Majefté, à caufe de fon avenement à la Couronne, à caufe de leurs Privileges, fuivant la Déclaration du 24. Octobre dernier. FAIT à Paris le feptiéme jour de Mars mil fix cent quarante-quatre.

Quittance du Tréforier des Parties Cafuelles, de la fomme de mille livres. DE FLANDRES.

Au Rolle du 22. Décembre 1643.

Enregiftrée au Controlle Général des Finances, par moi fouffigné, à ce commis par Monficur d'Hemery, Confeiller au Confeil d'Etat, & Controlleur Général des Finances de France. A Paris ce feptiéme jour de Mars mil fix cent quarante-quatre. Signé, LANCHENU.

Quittance du Tréforier de l'Epargne, pour joüir de l'Exemption des Lettres de Maîtrife de l'Art des Verriers, Fayanciers, Couvreurs de Flacons & Bouteilles en Ozier.

J'AY CLAUDE DE GUENEGAUD, Seigneur du Pleffis-Belleville, Confeiller du Roy en fes Confeils, Tréforier de fon Epargne: Confeffe avoir reçû comptant en la Ville de Paris, de Mef-

sieurs Marin Regnault , PierreDangreville , François Chamois
& Etienne Ronffin , Maîtres Jurés de la Communauté des Verriers , Bouteilliers & Fayanciers de ladite Ville de Paris , la
somme de mille livres en Louis d'argent & autre monnoye
ayant cours , à laquelle somme ladite Communauté a été taxée ,
pour joüir du bénéfice de la dispense à eux accordée , pour être
exempts de recevoir ci-après aucuns Maîtres de ladite vacation,
sur les Lettres qui ont accoutumé d'être accordées en considé-
ration des Avenemens des Roys à la Couronne , Majorités , Mariages , Entrées dans les Villes , Naissances de Dauphins , Enfans de France & Premier Prince du Sang : Comme aussi pour
le Couronnement , Entrées & Régences des Reines & de toutes autres , pour quelque cause & occasion que ce soit , suivant la
Déclaration du Roy du vingtiéme Août 1657. regiftrée en Parlement le quatriéme Septembre ensuivant , & l'Arrêt du Conseil du   jour de   icelle-
dite somme de mille livres à moi ordonnée pour employer au
fait de ma Charge , de laquelle je me tiens content & en quit-
te lesdits Regnault , Dangreville , Chamois & Ronffin susnommés,& tous autres. FAIT à Paris le vingt-cinquiéme jour de May
mil six cens cinquante-huit. Signé , DE GUENEGAUD.

Enregiftrée au Contrôle général des Finances , par moi Confeil-
ler du Roy en ses Confeils , & Contrôleur Général des Finances de
France , soussigné. A Paris le premier jour de Juin 1658. Signé,
LE TONNELIER.

EDIT DU ROY,

Portant Erection & Création des Articles , Statuts & Ré-
glemens de la Communauté des Maîtres Patenôtriers -
Boutonniers d'Email,de la Ville & Fauxbourgs de Paris.

CHARLES par la grace de Dieu Roy de France : A tous
présens & à venir , SALUT. Nos chers & bien amez les
Ouvriers & Communauté des Maîtres Patenôtriers & Bouton-

niers d'Email de notre bonne Ville & Fauxbourgs de Paris, Nous ont ci-devant, par leur Requête, à Nous & notre Conseil Privé, préfentée le 13 Avril dernier, fait dire & remontrer que pour obvier aux ufurpations & entreprifes qui fe font & commettent journellement fur ledit Mêtier, par les autres mêtiers Jurés de notredite Ville dont fe mouvoit infinité débats, procès & differends, il étoit grandement requis & néceffaire que ledit Mêtier de Patenotrier & Boutonnier d'Email fût juré, vifité & policé comme les autres Métiers Jurés d'icelle Ville ; fur quoi par nos Lettres Patentes dudit jour, Nous aurions mandé à notre Prevôt de Paris ou fes Lieutenans Général & Particulier, & chacun d'eux premier fur ce requis, que appellé notre Procureur audit lieu, ils euffent à Nous donner & envoyer leur Avis fur le contenu en ladite Requête & cahier d'Ordonnance y attaché, pour icelui vû & rapporté pardevers Nous & les Gens de notredit Confeil Privé, être pourvû aufdits Supplians ainfi qu'il appartiendra par raifon, comme plus à plain le contiennent nofdites Lettres, qui auroient depuis été portées à nos amez & féaux Confeillers Meffires Nicolas Lhuillier, Lieutenant Civil, Thomas de Bragelongne, Lieutenant Criminel & Martin de Bragelongne, Lieutenant Particulier de ladite Prevôté & Vicomté, lefquels enfemble nos Avocat & Procureur audit lieu, Nous auroient donné & envoyé leur avis, tant fur ledit cahier d'Articles, que ladite Requête, defquels Articles la teneur enfuit.

ARTICLE I.

Que tous les Ouvriers dudit Mêtier, qui à préfent en befognent depuis fix ans en cettedite Ville & Fauxbourgs de Paris, foient reçus & paffés Maîtres s'ils le requierent, en faifant chef-d'œuvre dudit Mêtier.

II.

Item. Que nul ne foit reçû à la Maîtrife dudit Mêtier en ladite Ville & Fauxbourgs de Paris, s'il n'a été Apprentif fous les Maîtres de ladite Ville ou autres Villes jurées, le tems & efpace de cinq ans entiers, & s'il n'a fervi les Maîtres ledit tems.

III.

I I I.

Item. Qu'auparavant que bailler par lesdits Jurés chef-d'œuvre à ceux qui voudront aspirer à ladite Maîtrise, seront tenus de s'enquerir de leurs bonnes vies, par les Maîtres lesquels ils auront servi & fait leur Apprentissage, pour selon le rapport qu'ils en auront eu, leur ordonner ledit chef.d'œuvre ou les en refuser.

I V.

Lequel chef-d'œuvre, après ladite inquisition faite, seront tenus les Compagnons qui aspireront à ladite Maîtrise, faire en la maison de l'un des Jurés, tel qu'il sera divisé, & icelui fait & parfait, en feront lesdits Jurés leur rapport en la Chambre du Procureur du Roy au Châtelet, dedans les vingt-quatre heures, après lequel fera faire le serment pour ce dû & accoutumé à ceux qui auront été rapportés suffisans, & payera celui qui aura été reçû Maître à ladite Maîtrise, vingt sols parisis au Roy, & aux Jurés pour leurs peines, salaires & vacations pour avoir assisté à voir faire ledit chef-d'œuvre, chacun douze sols parisis.

V.

Nul ne sera fait Maître dudit état en cette Ville & dresser ouvroir dudit Art & Métier, s'il n'a été reçû & institué audit Métier, par la forme & maniere devant déclarée, sur peine de vingt livres parisis d'amende, applicables le tiers au Roy, l'autre tiers aux Pauvres, & l'autre tiers aux Jurés dudit Métier.

V I.

Item. Ne pourront soustraire les Apprentifs les uns des autres, ne retirer & bailler à besogner aux Compagnons & Serviteurs dudit Métier, que premierement ils ne soient enquis des Maîtres chez lesquels lesdits Apprentifs auront fait leur dernier service, des causes pour lesquelles ils auront laissé leur service, sur peine de dix livres parisis d'amende, applicable comme dessus.

V I I.

Item. Que chacun Maître dudit état ne pourra avoir plus d'un Apprentif, lequel il ne pourra prendre à moins de cinq ans & huit jours, après l'avoir mis en besogne, & sera tenu le faire obliger pardevant deux Notaires, sur peine de quarante sols parisis d'amende, toutefois sur la derniere année de l'Apprentissage de son Apprentif, en pourra prendre un autre, &

payera ledit Apprentif pour son commencement d'Apprentissage quatre sols parisis au Roy, & quatre sols parisis à la Confrairie dudit Métier.

V I I I.

Item. S'il se trouve qu'aucuns dudit état ayent à présent plusieurs Apprentifs en leurs maisons, ils les bailleront aux autres
Maîtres, qui seront tenus les recevoir.

I X.

Les Enfans desdits Maîtres seront reçûs à la Maîtrise, en
faisant quelque expérience legere, telle qu'elle leur sera divisée
par lesdits Jurés, pour montrer de leur suffisance, & leur pourront leurs peres apprendre leur Métier, sans qu'ils tiennent à
leurs peres lieu d'Apprentifs, outre & pardessus lesquels les
Maîtres pourront avoir un Apprentif, en la forme qu'il est dit
ci-dessus, toutesfois si lesdits Enfans de Maîtres apprenoient
leur Métier ailleurs qu'en la maison de leurs peres, ils tiendront lieu d'Apprentifs ; & en tout cas, soit en la maison de
leurs peres ou ailleurs, feront Apprentissage de cinq ans, auparavant d'aspirer à ladite Maîtrise.

X.

Item. Que les Veuves des Maîtres dudit Métier, tant qu'elles se contiendront en viduité, pourront joüir de pareils Privileges que leurs maris vivans ; mais si elles se remarient en se-
condes nôces, à autres n'étant dudit Métier, elles perdront
leurdit Privilege, & ne pourront s'entremettre dudit état, mais
fermeront leurs boutiques, & ne leur sera loisible de faire obliger à elles, Apprentifs ou Apprentisses qui puissent gagner la
franchise dudit Métier, sur peine d'amende arbitraire, bien
pourront tenir & faire achever le tems aux Apprentifs qui auroient été pris par leurs défunts maris.

X I.

Item. A ce que lesdits Maîtres soient réglés & policés des
Ouvrages qu'ils pourront & devront faire, feront toutes sortes
d'Ouvrages, tels qu'ils pourront deviser, étant dudit métier &
Art, & appartenances d'icelui, & qui leur seront commandés
en la forme & maniere dessus déclarée.

X I I.

Ne pourront lesdits Maîtres contreporter leur Marchandise
par la Ville, Fauxbourgs & Hôtelleries de Paris, pour icelle ex-

poſer en vente, mais la vendront en leurs Oùvroirs, ſinon qu'ils
euſſent été requis par les Bourgeois & Marchands Forains porter la Marchandiſe qu'ils auront achetée en leur logis & hôtellerie, ſur pareille peine de dix livres d'amende, applicable
comme deſſus.

X I I I.

Item. Pourront leſdits Jurés prendre tous Contreporteurs,
qui comporteront aucune Marchandiſe de leur Mêtier, avec
leur Marchandiſe, & les amener en la Chambre du Procureur
du Roy, avec leurs Marchandiſes, pour à l'encontre d'eux être
procedé à la confiſcation d'icelles ou autrement, ainſi que de
raiſon.

X I V.

Les Forains qui ameneront Marchandiſe dudit Mêtier, ne
pourront icelle vendre en cette Ville, que premierement elle
n'ait été vûë & viſitée par leſdits Jurés, ſur peine d'amende
arbitraire ; mais auſſi ſeront tenus iceux Jurés, toutes choſes
laiſſées, d'aller viſiter ladite Marchandiſe là où elle ſera arrivée, ſi-tôt qu'ils en auront été avertis par les Marchands Forains ou autres de par eux, ſur peine de pareille peine, & de
payer l'interêt & ſéjour du Marchand.

X V.

Item. Pourront leſdits Maîtres Patenôtriers, faire & expo-
ſer en vente en ladite Ville & Fauxbourgs de Paris, toutes
ſortes de Patenôtres, Boutons d'Email, Dorures ſur Verre &
Email, Pendants d'oreilles faits de diverſes façons, jolivetés
& toutes autres ſortes d'ouvrages appartenans & dépendans
dudit Mêtier, paſſant par le feu & fourneau, faites, tant d'E-
mail, Canon & Criſta li, que toutes autres ſortes qui ſe pourront appliquer & accommoder pour le fait & Art dudit Mêtier,
& ce qui en dépend, ſans qu'il ſoit loiſible ne permis à nul autre de ce faire, s'il n'eſt reçû & paſſé Maître dudit Mêtier de
Patenôtrier, & ce à peine de cent ſols pariſis d'amende applicable comme deſſus.

X V I.

Item. Pourront les Maîtres dudit Mêtier enfiler toutes ſortes de Ceintures, Carcans, Chaîne, Colliers, Bracelets, Patenôtres, Cordelieres, Chapelets & toutes autres ſortes d'Ouvrages dépendans dudit Mêtier de Patenôtrier, & pourront

lefdits Ouvrages de leur Métier , enrichir & enjoliver d'or &
d'argent battu & moulu & Email , qui foit paffé par le feu &
fourneau , & non autrement.

X V I I.

Item. Pourront vendre & débiter toutes autres Marchandifes de Verrerie , qui dépendent & viennent en conféquence
de ce que deffus , & lefquelles Marchandifes ils acheteront
des Marchands Forains ou auront d'ailleurs , à la charge de
la vifitation. ### X V I I I.

Item. Que défenfes feront faites à tous les Maîtres dudit
Métier de Patenôtrier , de dorer aucuns Ouvrages de corne
& os pour Email , & ce à peine contre les contrevenans de
quatre livres parifis d'amende , applicable comme deffus.

X I X.

Item. Ne pourront aucunes perfonnes , foit Marchands ou
autres , mêler aucune forte d'Email , ne retenir Canon pour
vendre , finon pour les Maîtres dudit Métier , à peine de dix
livres parifis d'amende , applicable comme deffus.

X X.

Item. Pour la confervation des préfentes Ordonnances dudit Métier , y aura deux Maitres élûs pour Jurés & Gardes
d'icelui Métier , lefquels deux Jurés ayant exercé ladite Charge de Juré par le tems & efpace d'un an , fera procédé à l'é-
lection de deux autres avec lefdits deux anciens , & exerce-
ront lefdits Jurés ladite Charge le tems & efpace de deux ans
entiers , & en fera élû deux par chacun an , comme ès autres
Métiers de cette Ville de Paris , par lefquels feront faites toutes vifitations néceffaires à faire audit Métier , tant en ladite
Ville , que Fauxbourgs d'icelle , fans que pour vifiter efdits
Fauxbourgs , ils foient tenus de demander licence aux Hauts-
Jufticiers d'iceux , quelque Privilege & droits de Juftice qu'ils
ayent en iceux , attendu qu'il eft queftion de Police , de laquelle la connoiffance appartient au Prevôt de Paris ou fes
Lieutenans. Sçavoir faifons, que après avoir fait voir en notre
Privé Confeil lefdites Requête & Lettres Patentes Avis & cahier d'Articles d'Ordonnance ci-deffus déclarés , le tout ci-attaché fous le contre-fcel de notre Chancellerie , Avons créé
& érigé, & de notre certaine fcience , pleine puiffance & autorité Royale , créons & érigeons ledit état & Métier de Pa-

tenôtrier & Boûtonnier d'Email en notredite Ville de Paris ,
en état & Mêtier de Juré, pour être régi, policé, conduit &
gouverné ainſi que les autres Mêtiers-Jurés de ladite Ville,
ſelon les Articles d'Ordonnances ci-deſſus déclarés, comme dit
eſt, leſquels Articles avons loüés, agréés, ratifiés, confirmés,
homologués & approuvés, & de notre grace & autorité que
deſſus, loüons, agréons, ratifions, confirmons, homologuons
& approuvons par ces Préſentes, & iceux donnés & octroyés,
donnons & octroyons auſdits Supplians & Communauté dudit
état & Mêtier de Patenôtrier & Boutonnier d'Email, pour en
joüir & uſer, & être dorénavant & par ci-après inviolablement obſervés & gardés en notredite Ville & Fauxbourgs
de Paris, & par tout ailleurs où il appartiendra & beſoin ſera, de point en point ſelon leur forme & teneur, ſans y con-
trevenir ne innover aucune choſe au contraire : Si DONNONS
EN MANDEMENT, par ceſdites Préſentes, à nos amez &
féaux les Gens tenans notre Cour de Parlement à Paris Prevôt dudit lieu, ou ſon Lieutenant, & à tous nos autres Juſti-
ciers & Officiers qu'il appartiendra, que notre préſent Edit d'é-
rection, creation, homologation, confirmation & autoriſation,
ils faſſent chacun en droit ſoy, lire, publier & enregîtrer, &
du contenu faire ſouffrir & laiſſer joüir leſdits Supplians &
leurs ſucceſſeurs audit Métier de Patenotrier & Boutonnier
d'Email ; en contraignant & faiſant contraindre, à ce faire,
ſouffrir & obéir tous ceux qu'il appartiendra, & qui pour ce
ſeront à contraindre par les voyes que de raiſon, le tout nonobſtant oppoſitions ou appellations quelconques, pour leſquelles, & ſans préjudice d'icelles, ne voulons être differé. CAR
tel eſt notre plaiſir, nonobſtant quelconques Privileges, Statuts, Arrêts, Jugemens, Sentences, Mandemens, Défenſes &
Lettres impétrées ou à impétrer au contraire : Et afin que ce ſoit
choſe ferme & ſtable à toujours, Nous avons fait mettre notre
Scel à ceſdites Préſentes. DONNE' à Paris au mois de Juillet,
l'an de grace mil cinq cent ſoixante-ſix, & de notre Regne le
ſixiéme. Signé, BOUCHER. *Viſa*, Et plus bas, Par le Roy
en ſon Conſeil, BURGENSIS. Et Scellé du grand Sceau de cire
verte, ſur lacs de ſoye rouge & verte.

Enregiſtrées, oüy ſur ce le Procureur Général du Roy, pour en joüir par les Impétrans selon leur forme & teneur. A Paris, en Parlement, le 17 Juillet, l'an 1566. Signé, DUTILLET.

Les Lettres Patentes, Edit & Ordonnance du Roy notre Sire, données à Paris au mois de Juillet dernier, signées par le Roy en son Conseil, BURGENSIS, & Scellées de cire verte du grand Scel, ont été lües & publiées en Jugement au Parc Civil du Châtelet de Paris; séant au Siége NobleHomme & Sage Me Martin de Bragelongne, Conseiller du Roy & Lieutenant Particulier de la Prevôté de Paris, en la présence & du consentement du Procureur du Roy notredit Seigneur, audit Châtelet, & ordonné être enregistrées ès Registres ordinaires dudit Châtelet, le Jeudy vingt-neuviéme Août mil cinq cent soixante-six. Signé, BARBEDOR & BOURGOING, avec paraphes.

Enregistrées au septiéme Volume des Banieres, Registre ordinaire du Châtelet de Paris, ès 53, 54, 55, 56 & 57. feuillets, Signé, REMY.

Les Ordonnances & Privileges ci-dessus transcrits, ont été présentés au Bureau de la Recette ordinaire de Paris, & d'icelles laissé copie, le 22 Août 1582. Signé, LAHEUT.

LETTRES PATENTES
DU ROY,

Portant confirmation de l'Edit & Statuts de la Communauté des Maîtres Patenôtriers d'Email.

HENRY par la grace de Dieu Roy de France & de Pologne: A tous présens & à venir, SALUT. Nos chers & bien-amez les Ouvriers & Communauté du Mêtier de Patenôtrier Boutonnier d'Email, Verre & Cristalin de notre bonne Ville & Fauxbourgs de Paris, Nous ont fait remontrer qu'au mois de Juillet 1566. le feu Roy Charles dernier décedé, no-

tre très-cher Seigneur & Frere, créa & érigea ledit état en Métier-Juré, pour être tenu & gardé en la forme & maniere portée & contenuë par les Articles, Statuts & Ordonnances qui
en furent lors dreffés, & fuivant les Lettres Patentes en forme
de Chartre, que notredit feu Seigneur & Frere leur en auroit
octroyé à ces fins, qui auroient été vérifiées, tant en notre
Cour de Parlement, qu'au Parc Civil de notre Châtelet de
Paris : Oui & ce confentant notre Procureur, pour en joüir par
les Supplians felon leur forme & teneur, & le contenu en icelles & efdits Articles, Statuts & Ordonnances, garder, obferver & entretenir, comme il eft encore à préfent ; que les Expofans ayant fait lecture de leurfdits Statuts & Ordonnances,
pour être par Nous confirmés, auroient trouvé être néceffaire
d'y ajoûter quelques Articles qu'ils ont arrêtés & accordés entr'eux le dix-feptiéme jour de Mars dernier paffé, qu'ils Nous
ont fait préfenter en nôtre Confeil, lefquels avec leurs anciens
Statuts & Ordonnances, pour être par Nous confirmés, pour
plus grande fûreté & approbation d'iceux, ils Nous ont très-
humblement fait fupplier & requérir leur vouloir continuer,
confirmer & autorifer, & fur ce octroyé nos Lettres à ce néceffaires. Sçavoir faifons, que Nous ayant fait voir en notredit
Confeil les Lettres de création dudit état de Patenôtrier-Bou-
tonnier d'Email, Verre & Criftalin, Mêtier-Juré, & les Articles accordés entre lefdits Expofans le dix-fept Mars, & autres
piéces y attachées fous le contre-fcel de notre Chancellerie,
Nous avons tout le contenu en iceux continué, ratifié, approuvé & confirmé, continuons, ratifions, approuvons & confirmons, Voulons & Nous plaît qu'ils foient gardés, obfervés
& entretenus par les Expofans & autres y dénommés de point
en point felon leur forme & teneur, fans qu'il y foit contreve-
nu, en quelque maniere que ce foit. Si DONNONS EN MANDE-
MENT par ces Préfentes à nos amez & féaux Confeillers les
Gens tenans notre Cour de Parlement, Prevôt de Paris, ou fon
Lieutenant, & à chacun d'eux fi comme à lui appartiendra,
que notre préfente continuation, ratification ; approbation &
confirmation, ils faffent lire, publier, regiftrer, garder, obferver & entretenir, & du contenu en icelles & efdits Articles,
du dix-feptiéme jour de Mars, les Expofans joüir & ufer pleinement & paifiblement, contraignant à ce faire fouffrir & obéir
tous ceux qu'il appartiendra, & qui pour ce feront contrain-

dre par toutes voyes dûës & raifonnables , nonobftant oppofitions ou appellations quelconques, pour lefquels ne voulons
être differé : CAR tel eſt notre plaifir. Et afin que ce foit chofe
ferme & ſtable à toujours , Nous avons fait mettre notre Scel
à ces Préſentes , fauf en autre chofe notre droit & l'autrui en
toutes. DONNE' à Paris au mois d'Avril , l'an de grace mil
cinq cent quatre-vingt-trois, & de notre Regne le neuviéme.
Signé par le Roy en ſon Conſeil, BRULART. Et ſcellé.

*Regiſtrés oui le Procureur Général du Roy , comme il eſt tenu ,
au Regiſtre de ce jour. A Paris en Parlement , le vingt-troifiéme
jour de May mil cinq cent quatre-vingt-trois.* Signé , CHEVALIER.

HERIER.   CONTENTOR.

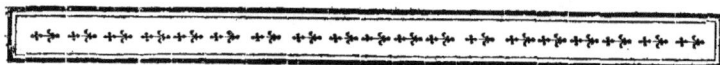

*Requête préſentée au Roy par la Communauté des Maîtres
Patenotriers-Boutonniers d'Email , Marchands Verriers-
Fayanciers , concernant les trois Articles y joints.*

AU ROY.

S I R E ,

LA Communauté des Maîtres Patenôtriers-Boutonniers en
Email , Marchands Verriers-Fayanciers de cette Ville de Paris,
Vous remontrent très-humblement ; que de tout temps ils ont
été maintenus & conſervez en leurs Statuts, Privileges & Ordonnances par le feu Roy dernier, que Dieu abſolve , qui leur
auroit non-ſeulement confirmé leurſdits Statuts, même iceux
augmentez, entre lefquels il leur permettoit de vendre & de-
biter toutes Marchandiſes de Verre & Fayance, Bouteilles couvertes & non couvertes & toutes autres eſpeces de Verre, à quoy
par pluſieurs Arrêts de la Cour de Parlement ils ont été maintenus & conſervez ; mais à cauſe des derniers troubles tout a
été

été déréglé, de forte que plufieurs perfonnes fe feroient in-
gerées de fe mêler de vendre ladite Marchandife de Verre &
de Bouteilles, qui eft au grand préjudice defdits Supplians : C'eft
pourquoi ils fupplient très-humblement V. M. leur vouloir
fur ce pourvoir, & leur accorder quelques Articles qu'il leur
a femblé être néceffaires d'ajouter à leurs Statuts. CE CON-
SIDERE', SIRE. Il vous plaife leur vouloir accorder les
Articles qui enfuivent, & ils prieront Dieu pour votre prof-
perité & fanté.

Premierement. Que défenfes feront faites à toutes perfonnes de quelque état ou métier que ce foit étant érigé en Maîtrife & Jurande de fe mêler ni entremettre de vendre, débiter ni colpoter par votre Ville, Fauxbourgs & Banlieuë de
Paris, les Marchandifes de Verre, Bouteilles, Flacons couverts
& non couverts, & toutes autres efpeces de Verre, ni même
en acheter des Forains ; à peine de confifcation & d'amende
arbitraire, fors & excepté aufdits Maîtres Emailleurs & Marchands Verriers & Fayanciers.

I I. Et d'autant qu'il y en a plufieurs qui depuis peu de tems
fe font mêlez de vendre ladite Marchandife, que défenfes leur
feront faites de ce faire, fors feulement à ceux qui étoient lors
de l'Arrêt du Parlement donné entre lefdits Maîtres Emailleurs
Marchands Verriers, le 18 May 1599. par lequel il leur eft
permis à chacun d'eux de vendre & débiter ladite Marchandife de Verre & Bouteilles couvertes & non couvertes, Vaiffelle
émaillée & dorée, & toutes autres fortes de Verre, fans avoir
aucune vifitation les uns fur les autres, fuivant ledit Arrêt.

I I I. Les Marchands Forains ne pourront vendre leur Marchandife en détail, ni la colporter par la Ville, à peine de
confifcation d'icelle, & d'amende arbitraire.

Arrêté au Châtelet de Paris, le vingtiéme Septembre 1599.
Signé, GUILLAUME FORMET, FRANÇOIS BONNET,
JEAN MALASSIS & THOMAS PREVOST, Jurez
en charge audit an, & de tous les autres Maîtres.

D

LETTRES PATENTES DU ROY,

Portant confirmation des anciens Statuts, & des trois Articles ci-deſſus.

Données au mois de Septembre 1599.

HENRY par la grace de Dieu Roy de France & de Navarre : A tous préſens & à venir, SALUT. Nos chers & bien amés les Ouvriers & Communauté du mêtier d'Emailleurs Marchands Verriers-Fayanciers, Verre & Criſtalin de notre Ville & Fauxbourgs de Paris, Nous ont fait remontrer que le feu Roy Charles notre très-honoré Seigneur & Frere, les auroit dès le mois de Juillet 1566. créés & érigés en Maîtriſe & Jurez, pour être tenus & gardez en la forme & maniere accoutumée, tant aux Articles qu'ils en dreſſerent lors, qu'aux Lettres Patentes en forme de Chartres qui leur en furent expediées, leſquelles auroient été vérifiées en notre Cour de Parlement, & enregiſtrées au Greffe de notre Chancellerie de Paris, pour être gardez & obſervez, comme ils ſont encore à préſent. Et voyant leſdits Expoſans qu'on auroit obmis à leurſdits Statuts aucuns Articles qui leur étoient utiles & néceſſaires, le feu Roy dernier décédé, notre très-honoré Seigneur & Frere, en leur accordant la confirmation des ſuſdits, leur auroit pareillement accordé ladite augmentation, choſe qui fut trouvée juſte & raiſonnable, & qui auroit auſſi été vérifiée en notre Cour de Parlement : Et d'autant que le vingtiéme jour de ce mois de Septembre, ils Nous ont préſenté Requête en notre Conſeil, pour avoir agréable l'augmentation de quelques Articles concernant leurdit métier, qu'ils ont tous ſignez & accordez entr'eux, & qu'ils Nous ont très-humblement ſuppliez leur vouloir accorder, continuer & confirmer leurſdits anciens Statuts; NOUS inclinans à leur Requête leur avons octroyé nos Lettres à ce néceſſaires. Sça-

voir , faifons ; que Nous ayant fait voir en notre Confeil lefdites Lettres de création dudit métier de Patenoftrier - Boutonnier d'Email, Verre & Criftalin, enfemble les Articles accordez entre lefdits Expofans le 17. Mars 1583. & Lettres
de confirmation fur iceux du mois d'Avril enfuivant, avec lefdits Articles du 20. du préfent mois & autres piéces attachées
fous le contre-fcel de notre Chancellerie. Avons fur le contenu en iceux continué, ratifié, approuvé & confirmé, continuons, ratifions, approuvons & confirmons, par ces Préfentes , voulons & Nous plaît, qu'ils foient gardez, obfervez
& entretenus par les Expofans & autres y dénommez, de point
en point felon leur forme & teneur, fans qu'il y foit contre-
venu en aucune maniere. SI DONNONS EN MANDEMENT
à nos amez & féaux Confeillers, les Gens tenans notre Cour
de Parlement, Prévôt de Paris ou fon Lieutenant , faire à chacun d'eux fi comme à lui appartiendra , que notre préfente
continuation, ratification, approbation & confirmation, ils
faffent lire, publier, regiftrer, garder, obferver & entretenir,
& du contenu en icelle & efdits Articles dudit 20. du préfent
mois, les Expofans jouiffent, ufent pleinement & paifiblement,
contraignant à ce faire fouffrir & obéir tous ceux qu'il appartiendra, & pour ce feront à contraindre par toutes voyes dûës
& raifonnables nonobftant oppofitions ou appellations quelconques , pour lefquelles ne voulons être différé : CAR tel
eft notre plaifir ; & afin que ce foit chofe ferme & ftable à
toujours Nous avons fait mettre notre Scel à cefdites Préfentes , fauf en autre chofe notre droit & l'autrui en toutes. DONNE'
à Paris au mois de Septembre , l'an de grace mil cinq cent
quatre-vingt-dix-neuf, & de notre Regne le onziéme. Signé
HENRY. Et fur le repli , par le Roy , DE VERTON.
Et fcellé.

*Les Préfentes ont été regiftrées au huitiéme Volume de l'ancien
Regiftre ordinaire du Châtelet de Paris , pour y avoir recours quand
befoin fera. Ce fut fait & Regiftré audit Châtelet le Jeudy fixiéme
jour de Juillet l'an mil fix cent. Signé REMY , avec paraphe.*

ARREST

DU CONSEIL D'ETAT DU ROY,

QUI réunit la Communauté des Maîtres Emailleurs, Verriers - Fayanciers , Patenostriers - Boutonniers en Email , Verre & Cristalin , de la Ville & Fouxbourgs de Paris , avec les Marchands Verriers - Fayanciers , Maîtres Couvreurs de Flacons & Bouteilles en ozier , de ladite Ville.

Du 21. Septembre 1706.

Extrait des Regiſtres du Conſeil d'Eſtat.

SUR la Requête préſentée au Roy en ſon Conſeil, par les Jurez & Gardes de la Communauté des Marchands Verriers, Fayanciers, Maîtres Couvreurs de Flacons & Bouteilles en Ozier, de la Ville & Fauxbourgs de Paris ; & par les Jurez des Maîtres Emailleurs, Verriers-Fayanciers, Patenôtriers-Boutonniers en Email , Verre & Criſtalin en ladite Ville & Fauxbourgs: contenant que l'étenduë de leurs Profeſſions, qui ſe croiſent, a donné occaſion à une infinité de Procès qu'elles ont enſemble, & cauſe la ruine de l'une & de l'autre, ce qui fait qu'elles ont également interêt d'être unis, pour ne compoſer à l'avenir qu'un ſeul & même Corps : & comme la Communauté des Verriers-Fayanciers avoit offert à Sa Majeſté huit mille liv. & les deux ſols pour liv. pour la réunion des Offices de Controlleur-Viſiteur de leurs Poids & Meſures, & de Greffier des Enregiſtremens de leurs Actes, & celle des Emailleurs mille liv. avec les deux ſols pour liv. pour leſquelles Sa Majeſté avoit eû la bonté de leur faire eſperer quelques gages, les Supplians qui ont cru que l'union des deux Communautés devoit précéder & pourroit faciliter la perception & levée des deniers neceſſaires pour l'acquiſition deſdits Offices, ſont convenus qu'ils ſupplieroient conjointement Sa Majeſté, en agréant ladite union, d'ordonner que pendant dix années conſécutives, les Jurez qui ſeront elus pour l'adminiſtration de leurs affaires communes, ſeront pris moitié du Corps des Verriers-Fayanciers & moitié de celui des Emailleurs, après lequel tems ils ſeront choiſis indiſtinctement à la pluralité des voix. Que pour le payement des neuf mille liv. & deux ſols pour liv. ci deſ-ſus, il ſera arrêté deux Etats de recouvrement, l'un de la ſomme de huit mille liv. & deux ſols pour liv. qui ſeront payez par ceux qui debitent, tant en gros qu'en détail des Marchandiſes de Fayance & de Verrerie. Et l'autre de mille liv. & deux ſols pour liv. par ceux qui travaillent en Email à la Lampe, le tout par forme de prêt & à proportion des facultez de chacun d'eux; deſquelles ſommes, par eux payées, ils ſeront Créanciers de ladite Communauté, qui ſera tenuë de leur en payer l'intérêt à raiſon du denier vingt, juſqu'à l'actuel rembourſement, ſans que ceux qui travaillent en Email à la Lampe & qui ſeront en demeure de payer leurs parts deſdits Etats puiſſent être admis à la Jurande, ni même avoir aucune voix délibérative dans leurs aſſemblées, juſqu'à ce que ceux qui auront prêté leſdits deniers ſoient rembourſez de leurs principaux & intérêts, ſans néanmoins que ceux qui débitent leſdites Marchandiſes de Fayance & Verrerie, puiſſent être diſpenſez de payer leur cotte-part deſdits Etats, pour quelque cauſe que ce puiſſe être, déclarans au ſurplus; ſçavoir, leſdits Jurez-Gardes des Marchands Verriers-Fayanciers, Maîtres Couvreurs de Flacons & Bouteilles, que leur Communauté ne doit en tout que la ſomme de ſept mille ſix cens livres par Contrat de conſtitution, pour le payement des rentes, de laquelle elle conſent que les trois cens quatre-vingt livres de gages actuels & effectifs, dont elle jouit par chacun an, à cauſe des Offices d'Auditeurs de leurs Comptes & de Tréſorier, qui lui ont été réunies, ſoient uniquement appliquez : & les Jurez deſdits Maîtres Emailleurs que leur Communauté ne doit aucune choſe; deſquelles déclarations les uns & les autres re-

quierent Acte , & qu'il plaise à Sa Majesté sur ce leur pourvoir.
V EU ladite Requête, la soumission des Maîtres Verriers-Fayanciers & des Maîtres Emailleurs, du 8. Juin 1706. tant pour
eux que pour les anciens & autres Maîtres de ladite Communauté, contenant leurs offres pour la réunion desdits Offices
& droits, aux clauses & conditions y portées : Ensemble l'avis
du sieur Dargenson, Conseiller du Roy en ses Conseils, Maître des Requêtes ordinaire de son Hôtel, Lieutenant Général de Police, de la Ville & Fauxbourgs de Paris : O u y le
Rapport du Sieur Florieau d'Armenonville, Conseiller ordinaire au Conseil Royal, Directeur des Finances : LE R O Y
E N S O N C O N S E I L, ayant égard à ladite Requête, &
conformement à l'avis du sieur Dargenson, a ordonné & ordonne que les deux Communautés de Marchands Verriers-
Fayanciers, Maîtres Couvreurs de Flacons & Bouteilles en
ozier , & des Maîtres Emailleurs, Verriers-Fayanciers, Patenostriers-Boutonniers en Email, Verre & Cristalin de ladite
Ville & Fauxbourgs de Paris , seront & demeureront à l'avenir unies pour ne faire qu'une seule & même Communauté,
à laquelle demeureront aussi réunis les Offices de Controlleurs,
Visiteurs de leurs poids & mesures, & des Greffiers des En-
registremens de leurs actes, créés par les Edits des mois de
Janvier & Août 1704. pour par elle en jouir & des droits &
émolumens y attribuez, ensemble de quatre cens cinquante
liv. de gages actuels & effectifs par chacun an, conformément
à leur soumission, & faire exercer lesdits Offices , par qui &
ainsi qu'elle avisera bon être , à condition de payer par ladite
Communauté la somme de neuf mille liv. de Finance principale, neuf cens liv. pour les deux sols pour liv. sçavoir, le
principal sur les quittances du Trésorier des revenus casuels
de Sa Majesté, ou sur les recepisses d'Elie Usien & de Nicolas Cartier, chargés par Sa Majesté d'en faire le recouvrement,
& les deux sols pour liv. sur leurs quittances pures & simples,
lesdites sommes payables en dix payemens égaux, le premier
comptant, le deuxième au 20. Septembre présent mois, &
les autres de deux mois en deux mois successivement; & pour
faciliter lesdits payemens, ordonne Sa Majesté qu'il sera arrêté, par ledit sieur Dargenson , deux états de repartitions,
l'un de la somme de huit mille liv. & deux sols pour liv. qui

feront payés par ceux qui débitent, tant en gros qu'en détail, les Marchandifes de Fayance & Verrerie ; l'autre de mille liv. & deux fols pour liv. par ceux qui travaillent en Email à la Lampe, le tout par forme de prêt & à proportion des facultés de chacun d'eux, defquelles fommes ceux qui les auront avancées feront créanciers de ladite Communauté, qui fera tenuë de leur en payer l'interêt à raifon du denier vingt, à compter du jour qu'ils auront achevé de payer leur cottepart defdits Etats, jufqu'à l'actuel rembourfement d'icelles : Veut Sa Majefté que pour remplir la Jurande il foit fait choix, à la pluralité des voix, de deux Marchands Verriers-Fayanciers, & de deux Maîtres Emailleurs, pour faire le nombre de quatre Jurez, qui demeureront en charge pendant deux années, à l'expiration defquelles il en fortira un defdits Maîtres Verriers-Fayanciers & un defdits Emailleurs, & à leur place il en fera élû deux autres, un de chacun Corps, & ainfi fucceffivement d'année en année, pendant le cours de dix, à compter du jour de la première Election, après lefquelles le choix s'en pourra faire indiftinctement & fans avoir égard aux Corps, & ne pourront être appellez aufdites Charges aucuns de ceux qui travaillent en Email à la Lampe & qui n'auront contribué audit prêt, n'y avoir voix délibérative aux affemblées jufques à ce que ceux qui auront prêté pour le payement defdits neuf millé neuf cens liv. ayent été actuellement rembourfez de leurs principaux & des interêts, fans que ceux qui débitent lefdites Marchandifes de Fayance & Verrerie puiffent être difpenfez de payer leur cotte-part de ladite repartition, pour quelque caufe que ce puiffe être, lefquelles dettes, enfemble celles qui feront contractées légitimement à l'avenir par ladite nouvelle Communauté, feront par elle payées & acquittées fans diftinction ; & en confequence de la déclaration defdits Jurez des Marchands Verriers-Fayanciers, Couvreurs de Flacons & Bouteilles, que leur Communauté ne doit que fept mille fix cens liv. en principal à conftitution de rente & du confentement par eux donné, que pour le payement des arrérages qui en écheront à l'avenir, les trois cens quatre-vingt liv. de gages actuels & effectifs par chacun an, attribuez aux Offices d'Auditeurs de leurs comptes & de leurs Tréforiers à eux réunis, foient employez en entier fans aucun divertiffement, desquelles déclarations & consentement Sa Majesté leur a donné acte, ensemble de la déclaration desdits Emailleurs que leur Communauté ne doit aucune chose. Ordonne Sa Majesté, qu'en cas que lesdites rentes ne soient acquittées annuellement, & continuellement des deniers provenans desdits gages, lesdits Verriers-Fayanciers seront tenus de les acquitter entr'eux & de leurs deniers, sans que lesdits Emailleurs soient tenus d'y contribuer en aucune maniere : Veut Sa Majesté que le présent Arrêt & ce qui sera ordonné en consequence par ledit sieur Dargenson, soit exécuté nonobstant oppositions & autres empêchemens quelconques, dont si aucuns interviennent Sa Majesté a reservé la connoissance à son Conseil, & icelle interdit à ses Cours & autres Juges, & pour l'exécution du présent Arrêt toutes Lettres nécessaires seront expediées. FAIT au Conseil d'Etat du Roy, tenu à Versailles, le vingt-uniéme jour de Septembre mil sept cent six. Collationné avec paraphe. Signé RANCHIN.

Les présens Statuts & Arrêt de réunion de la Communauté des Maîtres Emailleurs, Patenostriers-Boutonniers en Email, avec celle des Marchands Verriers-Fayanciers, Maîtres Couvreurs de Flacons & Bouteilles en ozier, ont été réimprimez par les soins de DENIS JACQUEMARC, LOUIS GOURIER, PIERRE MESSAGER & NICOLAS GUILLEMOT, *Jurez de présent en charge en l'année* 1712.

La Communauté des Patenôtriers en Geais, Ambre & Corail, Nacre & Perle, ont obtenu un Arrêt du Parlement du 22. *Décembre* 1728. *qui les réunit avec la Communauté des Maîtres Patenôtriers, Emailleurs, Verriers-Fayanciers, pour ne faire qu'une même Communauté, lequel a été signifié le* 31. *Janvier* 1729. *au Bureau des Fayanciers-Emailleurs, les Patenôtriers en Geais ont obtenu une Sentence de Police le* 22. *Juillet* 1729. *qui ordonne qu'ils seront enregistrés sur le Tableau à leurs rangs de Maîtrise, les Anciens à la Classe des Anciens, suivant leurs Lettres de Jurande ; la Sentence signifiée le* 14. *Décembre* 1729. *avec une Déclaration qu'ils sont dix-neuf Maîtres.*

CHARLES

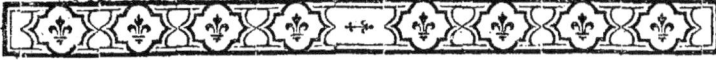

CHARLES par la grace de Dieu Roy de France : A tous préſens & à venir ; SALUT. Nos bien amez les Jurez Maîtres du Métier de Patenôtriers, Tailleurs de Corail, de Geais, d'Ambre, Coquille, Porcelaine, Nacre & Perles en nôtre bonne Ville de Paris, Nous ont fait remontrer que ci-devant leurs Prédéceſſeurs Maîtres & Jurez auroient fait & dreſſé entr'eux pour la Police & Reglement d'un Métier pluſieurs Articles, leſquels ont été enregiſtrés ès Regiſtres de nôtre Châtelet de Paris, & toujours depuis obſervés même par leſdits Expoſans juſqu'à préſent, qu'ils connoiſſent que l'obſervation de la plûpart deſdits Articles leur eſt onereuſe, auſſi qu'il a été obmis d'inſerer audit Reglement pluſieurs choſes très-néceſſaires pour ladite Police : au moyen de quoi afin d'y rémedier ils ſe ſont puis n'a guere aſſemblés, & tous d'un commun accord fait rédiger par écrit quelques autres nouveaux Articles qu'ils ont ſignés, portant réformation de ceux qui leur ſont onereux, & où eſt auſſi entierement ajouté ce que, comme dit eſt, avoit été obmis aux autres anciens, dont la teneur enſuit. Ce ſont les Articles que les Maîtres Jurez & Gardes du Métier de Patenôtriers, Tailleurs de Corail, de Geais, d'Ambre, Coquille, de Porcelaine, & Nacres & Perles, & toutes autres ſortes de Patenôtres qui ſe taillent, tant à la Lime, qu'à la Meule de grais, requierent être ſtatués, ordonnés, confirmés & approuvés par Edit, Statut & Ordonnance Royale, & être ajouté à leurs anciennes Ordonnances, pour éviter aux mal-façons, fraudes & abus qui ſe font & commettent chacun jour audit Métier de Patenôtrier.

ARRICLE PREMIER.

Que nuls Maîtres dudit Métier de Patenôtriers ne pourront beſongner, ſinon que depuis cinq heures du matin juſqu'à neuf heures du ſoir, tant en Eté qu'en Hyver ; & ſeront tous tenus iceux Maîtres & les Compagnons dudit Métier de laiſſer leur beſongne, & ne faire aucun Oeuvre dudit Métier après ladite heure.

E

I I.

Item, Qu'aucun dudit Métier de Patenôtrier ne pourra dorénavant lever icelui Métier, ne tenir Boutique en la Ville & Fauxbourgs de Paris, que premierement il n'ait été Apprentif avec un Maître dudit Métier en notredite Ville ou Fauxbourgs de Paris, par le tems & espace de six ans entiers finis & accomplis, sur peine de quarante sols parisis d'amende, applicable moitié au Roy, & l'autre moitié aux Jurez dudit Métier de Patenôtrier.

I I I.

Item. Que nul Maître dudit Métier ne pourra avoir qu'un seul Apprentif, lequel il ne pourra prendre à moins de tems que de six ans, comme dit est ci-dessus, fors & excepté qu'après les cinq ans premiers passés de son premier Apprentif, & non plûtôt, il en pourra prendre un autre pour ledit tems & espace de six ans entiers, & lequel auparavant que de le mettre en besongne, il sera tenu de le faire obliger pardevant deux Notaires, sur peine de ladite amende applicable comme dessus.

I V.

Item. Seront tenus les Maitres dudit Métier, quinze jours après qu'ils auront fait obliger lesdits Apprentifs, montrer les Brevets d'Apprentissage aux Jurez, & les faire enregistrer en la Chambre du Procureur du Roy au Châtelet de Paris, & payeront lesdits Apprentifs deux sols parisis au Roy, & qui sera trouvé faisant le contraire, il payera l'amende comme dessus.

V.

Item. Nul Maître dudit Métier ne pourra prendre aucun Apprentif, s'il ne tient feu & lieu.

V I.

Item. Nul ne sera dorénavant reçû Maître Patenôtrier en ladite Ville & Fauxbourgs de Paris, s'il n'a été Apprentif sous les Maîtres dudit Métier en ladite Ville ou Fauxbourgs de Paris ledit tems & espace de six ans, ou bien s'il n'a servi les Maîtrés dudit Métier, ledit tems & espace de six ans sans gagner aucun argent, & tel rapporté & notifié par les Jurez dudit Métier.

V I I.

Item. Auparavant que d'admettre par les Jurez Chef-d'œu

vre aux Compagnons qui voudront afpirer & être reçûs à ladite Maîtrife, iceux Jurez feront tenus de s'enquerir de leur
bonne vie & mœurs des Maîtres, lefquels ils auront fervi du-
rant leurs Apprentiflages, pour, felon le rapport qu'ils en
trouveront, leur bailler ledit Chef-d'œuvre, ou les en refufer.

VIII.

Lequel Chef-d'œuvre, après ladite inquifition faite, feront
tenus lefdits Compagnons qui afpireront à ladite Maîtrife, le
faire en la maifon de l'un defdits Jurez, tel qu'il leur fera de-
vifé, & icelui fait & parfait, en feront lefdits Jurez leur Rapport en la maniere accoutumée en la Chambre du Procureur
du Roy dudit Châtelet de Paris vingt-quatre heures après,
lequel fera faire le ferment pour ce dû & accoutumé à ceux
qui auront été rapporté fuffifans, & capables d'être reçûs Maîtres dudit Métier.

IX.

Item. Ceux qui feront reçûs Maîtres dudit Métier en ladite
Ville & Fauxbourgs de Paris, feront tenus payer pour le droit
de Maîtrife vingt fols parifis au Roy, & pareille fomme à chacun defdits Jurez pour leurs peines, falaires & vacations, d'a-
voir affifté à voir faire ledit Chef-d'œuvre.

X.

Item. Nul ne pourra faire fait de Maître dudit Métier de
Patenôtrier en cette Ville ou Fauxbourgs de Paris, & drefler
Ouvroir ou Boutique, s'il n'a été reçû & pafsé Maître dudit
Métier par la forme & maniere ci-deffus déclarée, fur peine
de ladite amende applicable comme deffus.

XI.

Item. Si les enfans mâles des Maîtres dudit Métier requierent être reçûs Maîtres, les Jurez feront tenus de les recevoir
en faifant experience telle qu'elle leur fera devifée & baillée
par lefdits Jurez, pour montrer de leur fuffifance, & fans aucune finance payer au Roy pour leur droit de Maîtrife ; mais
payeront aufdits Jurez à chacun dix fols parifis pour leurs peines, falaires & vacations, d'avoir affifté à voir faire ladite Experience.

XII.

Item. Pourront lefdits Maîtres apprendre leurs Métiers à
leurfdits enfans, fans qu'ils leur tiennent lieu d'Apprentifs,

E ij

outre & par-deſſus leſquels les Maîtres pourront avoir un Apprentif en la forme & maniere qu'il a été dit ci-deſſus : Toutefois ſi les enfans des Maîtres apprennent leurdit Métier ailleurs qu'en la maiſon de leur pere, ils tiendront lieu d'Apprentif, & en tout cas, ſoit en la maiſon de leur pere ou ailleurs, feront leur Apprentiſſage de ſix ans entiers auparavant que d'être reçûs Maîtres dudit métier de Patenôtrier.

XIII.

Item. Les Veuves deſdits Maîtres, tant qu'elles ſe contiendront en leur viduité, joüiront de pareils Privileges que leurs maris vivans ; mais ſi elles ſe remarient à ceux qui ne ſont dudit métier, elles ne pourront plus joüir du Privilege dudit métier : Et davantage ne pourront, étant en leurdite viduité, faire aucuns Apprentifs, mais bien pourront leſdits Apprentifs achever leurs Apprentiſſages en l'Hôtel deſdites Veuves qu'ils auroient encommencé du vivant de leurs défunts maris.

XIV.

Item. Aucun Apprentif ne pourra racheter le tems de ſon apprentiſſage, & là où il auroit racheté, il ne pourra tenir ledit métier, ni œuvrer, ne beſongner d'icelui, s'il n'a parfait premierement ledit tems de ſon apprentiſſage qui aura par lui ainſi été racheté de ſon Maître.

XV.

Item. Si aucun Apprentif ſe défait d'avec ſon Maître pour avoir été trouvé en faute, & il puiſſe être atteint & convaincu de ladite faute, ledit Maître en pourra prendre un autre, & ne pourra jamais ledit Apprentif œuvrer ni beſongner dudit métier, & cherra en l'amende ci-deſſus, dont il y en aura la moitié au Roy, & l'autre moitié aux Jurez dudit métier.

XVI.

Item. Ne pourront leſdits Maîtres Subſeraires, les Serviteurs & Apprentifs les uns des autres, ni retirer, ni bailler à beſongner à iceux, que premierement ils ayent apporté bonne & valable décharge des Maîtres qu'ils auront ſervi ; & auſſi que les Maîtres qui les recevront à leurs maiſons & ſervices ne ſe ſoient enquis des cauſes pour leſquelles ils auront laiſſé leur Maître, ſur peine de ladite amende applicable comme deſſus.

XVII.

Item. Nul Maître dudit métier ne pourra bailler à beſongner à un Etranger, que premierement les Compagnons qui auront été Apprentifs dudit métier, ne foient mis en befogne, s'ils le requierent pour même prix que l'Etranger, lequel ne fera reçû Maître s'il n'a fervi les Maîtres de cette Ville l'efpace de quatre ans.

XVIII.

Item. Nul Maître dudit métier ne pourra tenir deux Boutiques, ni bailler, ni œuvrer aux jours de Dimanches & Fêtes, fur peine de ladite amende applicable comme deffus.

XIX.

Item. Tous lefdits Maîtres Patenôtriers pourront faire & œuvrer de toutes fortes de Patenôtres, tant de Geais, Corail, d'Ambre, Coquille, de Porcelaines, Nacres & Perles, foit vuides, pleines, façon d'olive, que de toutes autres & diverfes façons, en quelque forte & maniere que ce foit, pourvû qu'elles foient bien & dûëment faites, loyales & marchandes.

XX.

Item. Pourront lefdits Maîtres dudit métier de Patenôtrier, enfiler toutes fortes de Patenôtres, Chapelets, Ceintures, Carcans, Chaînes, Coliers, Bracelets, Cordelieres, & toutes autres fortes d'Ouvrages dépendans dudit métier de Patenôtrier.

XXI.

Item. Nul Maître dudit métier ne pourra expofer en vente aucune marchandife fi elle n'eft bien & dûëment faite, & qu'elle foit de bonne étoffe, loyale & marchande, fur peine de ladite amende, applicable comme deffus.

XXII.

Item. Que tous Marchands Forains ne pourront expofer en vente aucune forte de marchandife concernant ledit métier de Patenôtrier, que premierement elle n'ait été vûë & vifitée par les Jurez dudit métier, à caufe des abus, fraudes & exceptions qui fe commettent de jour en jour en ladite marchandife, le tout à peine de confifcation, & d'amende arbitraire ; lefquels Jurez feront tenus de vifiter ladite marchandife dedans vingt-quatre heures, après qu'ils auront été avertis par lefdits Marchands Forains, ou autres de par eux, & lefquels Jurez feront leurs Rapports defdites Vifitations en la Chambre du Procureur du Roy en la maniere accoutumée, fur peine de foixante fols pa-

rifis d'amende , & vifiteront lefdits Jurez fans falaires., fors &
excepté en cas que la marchandife ne fe trouve bonne & loyale,
ils auront moitié de l'amende ou confifcation, telle qu'il plaira
à Juftice ordonner.

XXIII.

Item. Nul Maître dudit métier ne pourra aller ni envoyer
au-devant defdits Marchands Forains, pour acheter d'eux aucune marchandife foraine dudit métier, fur peine de l'amende
applicable comme deffus.

XXIV.

Item. Ne pourront lefdits Maîtres Patenôtriers contreporter leur marchandife par la Ville, Fauxbourgs & Hôtelleries
de Paris, pour icelle expofer en vente, mais la vendront en
leurs Ouvroirs & Boutiques, finon qu'ils foient requis par les
Bourgeois & Marchands Forains, porter la marchandife qu'ils
auront achetée en leurs logis & Hôtelleries, fur peine de ladite
amende applicable comme deffus.

XXV.

Item. Pourront lefdits Jurez Patenôtriers, faire prendre &
arrêter tous Contreporteurs qui contreporteront aucune marchandife de leurdit métier, avec leur marchandife qu'ils con-
treportent, & les emmener en la Chambre & pardevant le Procureur du Roy avec leurdite marchandife, pour à l'encontre
d'eux être procedé à la confifcation d'icelle, ou autrement en
ordonner ainfi que de raifon.

XXVI.

Item. Seront faits défenfes à tous Maîtres Patenôtriers, &
autres perfonnes de quelque état & métier que ce foit, de
n'expofer en vente aucuns faux ouvrages & marchandifes con-
trefaites dépendans dudit métier de Patenôtrier, fur peine d'ê-
tre ladite marchandife arfe & brûlée, & celui fur lequel elle
aura été prife, condamné en l'amende, applicable comme
deffus.

XXVII.

Item. Et pour faire obferver, garder & entretenir ces Préfentes communes, il y aura quatre Jurez qui feront élûs pardevant le Prevôt de Paris, ou le Procureur du Roy en fa Chambre en la maniere accoutumée, par la Communauté dudit métier de Patenôtrier, lefquels feront changés par chacun an

comme les autres Jurez des autres métiers de cette Ville de Paris, par lesquels seront faits toutes Visitations nécessaires à faire audit métier, tant en ladite Ville, que Fauxbourgs de Paris, sans que pour visiter ausdits Fauxbourgs, ils soient tenus de demander licence aux Hauts-Justiciers desdits Fauxbourgs, quelque privilege & droit de haute-Justice qu'ils ayent esdits Fauxbourgs, attendu qu'il est question de Police, de laquelle la connoissance appartient seule au Prevôt de Paris, ou ses Lieutenans.

XXVIII.

- *Item.* Pourront lesdits Jurez, sitôt & incontinent qu'ils auront été élûs & installés audit état de Jurez par notredit Procureur audit Châtelet, se transporter ès maisons, & pardevers ceux qu'ils sçavent & connoissent de présent se mêler desdits ouvrages & marchandise dudit métier, & les contraindre d'aller servir les Maîtres dudit métier, ou bien du tout renoncer à icelui métier, si mieux ils n'aiment se faire recevoir Maîtres dudit métier de Patenôtrier. Fait le Lundi vintiéme jour de Novembre, l'an mil cinq cent soixante-dix. Ainsi signés, Simon le Serie, Philippes Malleheu, Pierre Prud'homme, Clement le Févre, Jean Bence, Claude Gosset, Denis Heudes, Vincent Balioys, & Jean Hyon. Lesquels Articles, ainsi par lesdits Exposans de nouveau rédigés, & ci-dessus bien au-long transcrits, Nous aurions auparavant que leur pouvoir sur iceux renvoyés au Prevôt de Paris, ou son Lieutenant, pour appellé notre Procureur, Nous en donner & envoyer leurs avis, comme ils ont fait ; suivant lequel, d'autant que lesdits Exposans desirent les observer, & garder à l'avenir, ils Nous ont très-humblement suppliés & requis pour plus grande approbation d'iceux, les ratifier & avoir pour agréables, & sur ce leur impartir nos Lettres. Sçavoir faisons, qu'après avoir fait voir en notre Conseil lesdits nouveaux Articles, ensemble l'avis dudit Prevôt de Paris, ou son Lieutenant, & notre Procureur audit lieu, ci-attachés sous le Contre-scel de notre Chancellerie, de l'Avis d'icelui ; Avons iceuxdits Articles, comme bien raisonnables, loüés, ratifiés & approuvés, loüons, ratifions & approuvons, voulons & Nous plaît, que dorénavant ils soient par lesdits Jurez & Maîtres dudit état, que Nous avons de nouveau en tant que de besoin seroit créé, érigé & établi, créons, érigeons & établissons en notredite Ville de Paris en métier-Juré, Gardes,

entretenus & observés de point en point selon leur forme &
teneur, sans qu'il y soit ou puisse être ores, ni pour l'avenir autrement, en aucune sorte & maniere que ce soit ; aussi que lesdits Articles, avec notre présente autorisation & homologation puissent attribuer ausdits Exposans aucun droit nouvel,
au préjudice des autres métiers de notredite Ville de Paris.
SI DONNONS EN MANDEMENT au Prevôt dudit Pa-
ris, ou son Lieutenant, que nos présentes ratification, création, vouloir & intention, & tout le contenu ci-dessus, ils fas-
sent lire, publier & enregistrer, entretenir, garder & observer, ensemble lesdits Articles, de point en point selon leur
forme & teneur, cessant & faisant cesser tous troubles & empêchemens au contraire ; CAR tel est notre plaisir : Et afin
que ce fût chose ferme & stable à toujours, Nous avons fait
mettre notre Scel à cesdites Présentes, sauf en autre chose
notre droit, & l'autrui en toutes. DONNE' à Lihons au mois
de Juin, l'an de grace mil cinq cent soixante-onze, & de notre
Regne le onziéme. Signé sur le repli, Par le Roy en son Conseil, BRULART.

ENREGISTRE' en la Chambre du Procureur du Roy, notre
Sire, au Châtelet de Paris, au Regiftre appellé le second, cahier
neuf, où font enregistrés les autres Ordonnances des Métiers de cette
Ville de Paris. Fait le premier jour de Juillet, l'an 1571.
Signé, CONTENTOR, & COIGNET.

LES présentes Lettres ont été enregistrées au huitiéme Volume
des Bannieres, Regiftre ordinaire du Châtelet de Paris, suivant
le Jugement cejourd'hui donné aux Modifications, & chofes y con-
tenuës, du confentement du Procureur du Roy audit Châtelet. Fait
ce vingt-huitiéme jour de Juin ; l'an mil cinq cent soixante-onze.
Signé, DROUARD, & REMY.

Les présents Statuts ont été réimprimés du tems de LOUIS
MORET, & ANTOINE BERANGER, Anciens Maîtres
de ladite Communauté de Patenôtrier en Geais, &c.

ARREST

A R R E S T
DE LA COUR
DU PARLEMENT,

QUI permet aux Marchands Verriers, Fayanciers & aux
Veuves de Maîtres de faire venir d'au-delà de vingt
lieuës de cette Ville les Marchandises dont ladite Communauté fait négoce, à leurs risques, périls & fortunes, ce qu'ils seront tenus de justifier par l'état des
Marchands qui leur envoyeront lesdites Marchandises, lequel état & mémoire sera affirmé véritable par
lesdits Marchands, pardevant un Notaire des lieux
d'où elles seront envoyées.

Du 21. Juillet 1677.

EXTRAIT DES REGISTRES DU PARLEMENT.

ENTRE Leonard Aubry l'aîné; Thomas le Febvre;
Nicolas Houchard, & Claude Huguet, veuve d'Adrien
le Febvre, tous Marchands Verriers - Fayanciers &
Couvreurs de flacons & bouteilles en oziers, Demandeurs en
Requête du 3. Juin 1677. appellans d'une Sentence renduë par
le Lieutenant de Police au Châtelet du premier dudit mois de
Juin d'une part; & les Jurés de la Communauté des Maîtres
Verriers Fayanciers, Couvreurs de flacons & bouteilles, défen-
deurs & intimés d'autre; & entre Louis Messager, Philippes
Cuvillier, Marie Semelle, veuve Denis Jullien, Pierre Dangre-
ville, Louis Person, François Chamois, Christophe Dumeny,
Jean Dufresnoy, Gilles Jacquemare le jeune, Nicolas Corbet,

F

Jean le Roy, Touffaint Certain, Geneviéve le Maire, veuve André Bucquet, Leger Lorrain, Pierre Branlart, Jean Guyeux, Robert de le Moyne, veuve Charles David, Jacques Robert, Pierre Bucquet, Michel Baubion, Mathurin Moinery, François Certain le jeune, Guillaume Ollonde; Leonard Aubry le jeune, François Commandeur, Philippes le Febvre, Alexandre le Grand, Gilles Rouffin, Guillaume Thomas, Fiacre & Charles Landart pere & fils, tous au nombre de trente-huit, faifant la plus faine partie de ladite Communauté des Verriers-Fayanciers & Couvreurs de flacons & bouteilles de cettedite Ville, demandeurs en Requête du 12. dudit mois de Juin afin d'intervention en la caufe d'entre ledit Leonard Aubry l'aîné & Conforts, appellans, & lefdits Jurés intimés; faifant droit fur ladite intervention, qu'il fût ordonné qu'ils pourront demander à toutes fortes de Marchands Forains & autres demeurans au-delà de la diftance de vingt lieuës de cette Ville, des Marchandifes de toutes façons dont la Communauté fait débit & négoce, & les faire venir à leurs rifques, perils & fortunes directement en leurs maifons fans être obligez d'envoyer des Comiffions, Lettres d'avis & mémoires paffez pardevant Notaires, pour lefdites Marchandifes arrivées être vûë & vifitées en leurfdites maifons inceffamment par les Jurez à la premiere requifition ou fommation qui leur fera faite, & le tiers des verres & bouteilles venant de Lorraine ou ailleurs donné à ceux qui le requereront en payant le prix comptant fuivant les Reglemens de ladite Communauté, & l'ufage obfervé & qui s'obferve journellement en icelle Communauté, & fans que lefdits Maîtres foient tenus de faire conduire leurs Marchandifes dans le Bureau de ladite Communauté, qui eft en l'Hôtellerie du grand Renard, ruë S. Denis, pour être vifitées & loties ainfi que le prétendent lefdits Jurez, qui feront condamnez aux dépens en leurs noms d'une part; & lefdits Jurés de la Communauté, lefdits Leonard Aubry l'aîné, Thomas le Fevre, Nicolas Houchard & Claude Huguet, veuve d'Adrien le Fevre, défendeurs d'autre, fans que les qualités puiffent préjudicier: Après que Février pour lefdits Jurez a demandé la réception de l'appointement avifé au Parquet des Gens du Roy où les Parties avoient été renvoyées par Arrêt du dix-huit Juin dernier, & paraphé de Lamoignon pour le Procureur général du Roy.

LA COUR ordonne que l'appointement fera reçû, & fui-vant icelui, faifant droit fur le tout a ordonné & ordonne que les Statuts, Arrêts & Reglemens de la Cour intervenus fur le fait dudit métier, feront exécutés, en conféquence a mis & met l'ap-pellation, & ce dont a été appellé au néant ; émandant a reçû les Parties du Roy Parties intervenantes, permet à tous les Maî-tres & veuves de Maîtres dudit métier, de faire venir d'au-delà des vingt lieuës de cette Ville les Marchandifes dont ladite Communauté fait négoce, à leurs rifques, perils & fortunes, ce qu'ils feront tenus de juftifier par l'état des Marchans qui leur envoyeront lefdites Marchandifes, lequel état & mémoire fera affirme véritable par lefdits Marchands pardevant un Notaire des lieux d'où elles feront envoyées ; permet en ce cas aufdits Marchands de cette Ville de faire mener lefdites Marchandifes venuës à leurs rifques, perils & fortunes, directement en leurs maifons, de l'arrivée defquelles ils feront tenus de donner avis par écrit aux Maîtres Jurez, pour aller voir & vifiter dans les vingt-quatre heures lefdites Marchandifes, fans que lefdites Mar-chandifes puiffent être deballées qu'après ladite vifite, defquel-les Marchandifes le tiers fera diftribué aux Maîtres dudit métier en payant par eux comptant, fuivant le même prix qui fera porté par l'état du Marchand Forain ; & à l'égard des Marchandifes qui feront amenées en cette Ville par les Marchands Forains fur leur compte, élles feront déchargées directement au Bureau des Maîtres dudit métier, fous peine de cinq cens livres d'amende, & de confifcation defdites Marchandifes : main-levée audit Au-bry des chofes fur lui faifies, dépens compenfez. Fait en Parle-ment le vingt-un Juillet mil fix cent foixante-dix-fept. Colla-tionné avec paraphe. Signé, JACQUES.

Le préfent Arrêt a été imprimé à la diligence de PIERRE DESI-REUX, JEAN-FRANÇOIS GUEUX, NICOLAS LE SCESTRE, & JEAN BAPTISTE CHICANEAU, *Jurez & Gardes de préfent en Charge, en l'année* 1710.

ARREST

DE LA COUR
DU PARLEMENT,

EN FORME DE REGLEMENT.

Du 28 Août 1727,

LOUIS par la grace de Dieu , &c.

Entre Simon Maſſon & Conſorts, Faiſeurs de Bouchons de Liege, les Maîtres Patenôtriers en Os, Corne & Bois, Demandeurs & Défendeurs, d'une part.

Les Jurés en Charge de la Communauté des Maîtres & Marchands Verriers-Fayanciers-Emailleurs de la Ville & Fauxbourgs de Paris, Défendeurs & Demandeurs.

Les Maîtres & Gardes du Corps des Marchands Merciers', Jouailliers, Groſſiers de ladite Ville & Fauxbourgs de Paris, auſſi Defendeurs & Demandeurs.

Et encore les Jurés en Charge de la Communauté des Maîtres Boiſſeliers , Soufletiers & Lanterniers de ladite Ville & Fauxbourgs de Paris, Intervenans, d'autre part.

Vû par notre Cour les Lettres Patentes, &c. Les demandes reſpectives des Parties ; Arrêt d'appointé en droit, du 11 Janvier 1727. Production & contredits deſdites Parties ; Concluſions de notre Procureur Général : Tout joint & conſideré. NOTREDITE COUR , faiſant droit ſur le tout ; ayant aucunement égard à la demande dudit Maſſon & Conſorts, & à celle des Patenôtriers-Cornatiers , afin d'Enregiſtrement des Lettres Patentes du 5 Octobre 1726. à celle des Maîtres & Gardes du Corps des Marchands Merciers, & à celle des Jurés Fayanciers-Emailleurs, les a reçûs oppoſans à l'Enregiſtrement

defdits Statuts, du 29 Juillet 1726. & Lettres Patentes, en ce
que les Articles 19 & 22, defdits Statuts, donnent aux Patenôtriers - Bouchonniers les Titres & Qualités de Gardes ; en
ce que les Articles 21, 26 & 28. donnent au mêtier de Patenôtrier le nom de Commerce indéfiniment ; en ce que par
les Articles 20 & 21. il rapporte : Il eft porté que les Patenôtriers - Bouchonniers, feront, à l'exclufion de tous autres, des
Bouchons de Liege ; & que défenfes font faites à toutes perfonnes de quelques qualités & conditions qu'elles foient, de faire
travailler, vendre, débiter & colporter aucuns Bouchons de
Liege ni d'en faire magafin ; & qu'il eft permis aux Jurés defdits Patenôtriers - Bouchonniers, de fe tranfporter dans les maifons des contrevenans ; affiftés feulement d'un Commiffaire &
d'un Huiffier : En ce que par l'Article 22. il eft dit que les Bouchons de Liege, qui fe trouveront amenés à Paris par les Marchands Forains, feront amenés au Bureau des Patenôtriers,
pour y être vûs, vifités & lottis entre les Maîtres Patenôtriers-
Bouchonniers ; en ce que l'Article 23. fait mention de marchandifes que les Maîtres font venir, fans déterminer le mot de
marchandifes ouvragées ou non ouvragées ; en ce que l'Article 26. permet aux Patenôtriers - Bouchonniers, de faire venir de dehors, & d'acheter où bon leur femblera des Bouchons,
en ce que l'Article 27. prononce la confifcation des Lieges,
Sceaux de Liege qui fe trouveront chez autres que les
Patenôtriers - Bouchonniers : Faifant droit fur les difpofitions
aux chefs fufdits ; Ordonne qu'il fera procédé à l'Enregiftrement des Lettres Patentes, en la maniere accoutumée, fi faire
fe doit, à la charge néanmoins. Premierement, que les Qualités & Titre de Gardes inferés dans les Articles 19. & 22.
defdits Statuts, feront rayés, & que lefdits Patenôtriers - Bouchonniers ne pourront prendre que la Qualité de Juré. Secon-
dement, Que la faculté de vendre & débiter des Bouchons
de Liege, à l'exclufion de toutes autres perfonnes, portée par
l'Article 20. ne pourra nuire ni préjudicier aux droits des Marchands Merciers ; & que défenfes faites à toutes perfonnes, par
ledit Article 21. de les vendre & débiter, faire magafin, en
feront reftraintes aux perfonnes qui ne feront pas Marchands
Merciers ni Fayanciers, Emailleurs ; En conféquence fait défenfe aufdits Patenôtriers - Bouchonniers, de troubler lefdits

Marchands Merciers dans la liberté de leur Commerce ; a main-
tenu les Maîtres Verriers-Fanciers, dans le droit & possession
de faire faire, fabriquer, vendre & débiter des Bouchons &
Sceaux de Liege : Fait défenses ausdits Patenôtriers-Bouchonniers, de faire aucune Visite ni Saisie chez lesdits Marchands
& lesdits Fayanciers - Emailleurs. Troisiément, que lesdits Patenôtriers, Bouchonniers ne pourront faire venir de dehors des
Bouchons de Liege, ni acheter lesdits Bouchons de Liege fabriqués, soit des Marchands Forains, soit d'autres, ni faire aucune Visite des Bouchons qui seront apportés par lesdits Marchands Forains, leur permet seulemeut de faire venir des matieres de Liege, pour ensuite les convertir en Bouchons ou autres ouvrages de Liege, d'acheter lesdites matieres de Liege
où bon leur semblera, & de faire & fabriquer, vendre & débiter les Bouchons ou autres ouvrages de Liege, faits & fabriqués par eux, leurs parents, Apprentifs, Garçons, Serviteurs
ou Domestiques : En conséquence que l'Article 22. desdits Statuts sera rayé en son entier ; que l'Article 23. ne s'entendra
que des marchandises non ouvragées. Quatriémement, que le
terme de Commerce inseré dans les Articles 21, 26 & 28. ne
s'entendra que de la liberté accordée ci-dessus ausdits Patenô-
triers- Bouchonniers, de faire venir de dehors & acheter par
tout où bon leur semblera des marchandises de Liege, & non
de la fabrication ou vente & débit qu'ils feront de ladite marchandise ; donne Acte ausdits Verriers-Fayanciers de leur déclaration, que c'est par erreur que dans les qualités de leur Requête du 4 Janvier dernier & autres écritures, les Qualités de
Maîtres & Gardes leur ont été données, de ce qu'ils s'en
tiennent à la simple Qualité de Jurés : Déboute lesdits Soufletiers - Lanterniers, de leur intervention & demande ; sur le surplus des demandes, fins & conclusions des Parties, les a mises
hors de Cour, tous dépens compensés. Si MANDONS, &c.
DONNÉ à Paris en Parlement le 28 Août 1727. & de notre
Regne le douziéme. Collationné. Signé par la Chambre,
DUFRANC. Signé pour Copie, BERTRAND.

*Signifié à Me Rochon, Procureur desdits Maîtres & Marchands
Verriers-Fayanciers-Emailleurs de la Ville & Fauxbourgs de Paris, le 22 Décembre 1727.*

Le préfent Arrêt a été obtenu à la diligence des Sieurs CLAUDE FAY , ANTOINE CHOUDART-DES-FORGES, JEAN-BAPTISTE-MARIE BELLEYAUX, & EDME-HENRY THOMAS, lors Jurés en Charge.

MOYENS D'OPPOSITIONS

POUR les Maîtres & Marchands Verriers - Fayanciers - Emailleurs , Couvreurs de Flacons & Bouteilles de la Ville de Paris.

CONTRE les Maîtres de la Communauté des Patenôtriers , Cornantiers , Volantiers-Bouchonniers de la Ville de Paris.

LA prétention des Patenôtriers n'eft point foutenable, de vouloir avoir une exclufion contre une Communauté qui a un droit inconteftable de faire faire , fabriquer, vendre & débiter des Bouchons de Liege , puifque le droit des Verriers eft établi, tant par leurs Satuts, que par l'Arrêt du 18 Août 1727.

L'établiffement des Verriers eft de 1600.

Conformément aux Articles dix-feptiéme defdits Statuts & vingt-troifiéme du renouvellement d'icelui , il eft porté que Sa Majefté fait très-exprès Commandement aufdits Verriers - Fayanciers, Couvreurs de Flacons & Bouteilles de la Ville de Paris, de mettre aux Flacons & Bouteilles de bonnes cordes à trois cordons, & des Bouchons faits de bon Chanvre ou d'Etoupes bien nettes ; & fuivant l'Article 10. defdits Statuts, ils ont droit de faire façonner , enjoliver fur les Fayances & autres Ouvrages dépendans de leur Art, tout ce qu'ils eftimeront à propos pour la fatisfaction , la curiofité & le contentement du Public.

Les nouveaux & anciens Statuts n'ont jamais été conteftés par aucunes perfonnes, ils ont été enregiftrés fans aucune opposition de qui que ce soit ; & toutes les fois que quelqu'un a voulu empêcher les Maîtres Verriers, Couvreurs de Flacons & Bouteilles, ils en ont été déboutés ; comme étant leur état & droit établi.

Le premier usage des Flacons & Bouteilles de Verre, étoient couvertes d'osier, & leurs Bouchons étoient de Filasse.

L'usage de ces sortes de Bouteilles a changé par l'industrie des Verriers-Fayanciers qui ont inventé une nouvelle façon de Flacons & de Bouteilles de Verre plus solides que les premières ; mais pour mieux conserver les liqueurs qui seroient mises dans lesdits Flacons & Bouteilles, ils ont inventé de faire venir des Lieges, dont ils ont fait des Bouchons ; & cela, depuis que les Bouteilles d'osier n'ont plus été en usage, cela prouve que ce sont eux qui ont le droit de les fabriquer & faire fabriquer, & les vendre.

Il a plû à differens Particuliers de leurs Ouvriers ausquels ils avoient appris à faire & façonner lesdits Bouchons, de sortir de chez eux, à la relation des Maîtres Patenôtriers, Cornantier-Volantiers qui ont promis à cesdits Ouvriers de les admettre dans leur Communauté, pour avoir droit seuls de faire des Bouchons ; pour en ôter le droit aux Verriers-Fayanciers & Couvreurs de Flacons & Bouteilles ; pour cet effet, ils présenterent des Statuts dont nombre d'Articles blessoient plusieurs Communautés.

Ils ont en effet obtenu des Lettres Patentes le 2 Juin 1726. qu'il ont voulu faire enregistrer ; mais les Marchands Merciers les Boisseliers & les Verriers-Fayanciers y formerent opposition.

Cela donna lieu à une contestation avec les susnommés ; & après le vû des Pieces des Parties, il est intervenu Arrêt du Parlement, du 28 Août 1727. qui a retranché nombre d'Articles & laissé subsister ceux qui concernoient la Communauté en laquelle ils vouloient entrer, qui regardoient les Verriers-Fayanciers, Couvreurs de Flacons & Bouteilles, & qui fait défenses ausdits Patenôtriers-Bouchonniers de troubler lesdits Verriers-Fayanciers, & les a maintenus dans le droit & possession de faire faire, fabriquer, vendre & débiter Bouchons & Sceaux de Liege : Fait défenses aux Patenôtriers-Bouchonniers, de faire aucune Visite ni Saisie chez les Verriers-Fayanciers ; que les Patenôtriers-Boutonniers ne pourroient faire venir

nir

49

nir de dehors des Bouchons de Liege, ni acheter lefdits Bouchons de Liege, foit fabriqués, foit des Marchands Forains,
foit d'autre, ni faire aucune Vifite de Bouchons qui feront apportés par les Forains, leur permet feulement de faire venir des
matieres de Liege, pour enfuite les convertir en Bouchons ou
autres Ouvrages de Liege.

Que malgré l'Arrêt ci-deffus datté, lefdits Bouchonniers
ayant voulu faifir à un des Maîtres de la Communauté des Verriers, qui eft Jean Bertault, fix milliers de Bouchons de Liege,
ils l'auroient fait affigner; & par Sentence de Monfieur le Lieutenant Général de Police, du 9 Septembre 1735. la faifie par
eux faite a été déclarée nulle, avec dépens.

Il eft certain, fuivant ce que deffus, qu'il eft établi que les
Verriers-Fayanciers, Couvreurs de Flacons & Bouteilles, ont
été en droit de faire feuls, depuis leur établiffement jufqu'au 28
Août 1727. que les Particuliers en queftion ont fait Corps avec
les Cornetiers & Volantiers; & il leur a été feulement permis
de faire des Bouchons fans exclufion aux Verriers qui en font
les premiers Inventeurs; d'ailleurs, aucune Communauté ne
peut, en faifant renouveller des Statuts, rien changer en façon
quelconque, en ce qui peut concerner les autres Communautés, ni leur préjudicier, ils peuvent feulement fe difcipliner
entr'eux, & non point toucher au droit d'autrui.

Les Magiftrats ont attention & veillent eux-mêmes à ce qu'il
ne foit fait aucun changement.

Il eft encore à obferver qu'il y a plus de cinquante ans que
la plus grande quantité des Marchands Verriers n'ont d'autre
Profeffion que le Bouchon, & enfin le droit leur eft acquis, ce
n'eft qu'en 1727. qu'ils ont eu avec eux les Parties adverfes.

Après ce que deffus obfervé, il n'y a nul difficulté de recevoir l'oppofition des Verriers-Fayanciers, Couvreurs de Flacons
& Bouteilles, oppofans à la prétention defdits Patenôtriers;
faifant droit fur l'oppofition, dire que les Statuts de leur Communauté, & l'Arrêt dudit jour 28 Août 1727. feront exécutés felon leur forme & teneur; & en conféquence, que lefdits
Verriers demeureront gardés & maintenus dans le droit de faire faire & fabriquer des Bouchons de Lieges, fuivant & au
terme dudit Arrêt.

Le Mercredi quinze Mars 1741, Me Boucau, Procureur,
G

été avec Messieurs les Jurés Fayanciers, depuis quatre heures jus-
qu'à sept heures chez M. de Marville, Lieutenant général de Po-
lice, où M. le Procureur du Roy, & M. son Fils Avocat du Roy,
après avoir entendu les Jurés Bouchonniers, M. de Marville a en-
joint aux Bouchonniers de laisser en repos la Communauté des Mar-
chands Verriers-Fayanciers, parce qu'ils avoient le droit de faire
des Bouchons aux termes de l'Arrêt d'Enregistrement, du vingt-huit
Août mil sept cent vingt-sept, des Statuts de la Communauté des
Bouchonniers.

ARREST

DE LA COUR

DE PARLEMENT,

QUI maintient la Communauté des Marchands Verriers - Fayanciers - Emaillleurs , dans le pouvoir de
vendre toutes fortes de Vins de Liqueurs, comme
ils ont eu de tout tems.

Du 3. Septembre 1721.

LOUIS par la grace de Dieu Roy de France & de Navarre : Au premier Huissier de notre Cour de Parlement, ou autre notre Huissier ou Sergent sur ce requis ;
sçavoir faisons : Qu'entre François Dupin, Capitaine de Vais-
feaux à Marseille , appellant d'une Sentence renduë par le
Lieutenant général de Police au Châtelet de Paris, le 29. Juillet 1721. d'une part ; & les Maîtres & Gardes du Corps de la
Communauté des Marchands de Vin de la Ville & Fauxbourgs
de Paris ; & les Maîtres & Gardes des Marchands Epiciers,
Apoticaires-Epiciers de cette Ville de Paris, Intimés d'autre :
Et entre Me. Charles Cordier , chargé de la Régie des Fer-

mes du Roy, demandeur en Requête du 23. Août 1721. à ce
qu'il fût reçû partie intervenante en la Caufe ; faifant droit fur
l'intervention defdits Maîtres & Gardes des Marchands de
Vins, du privilege exclufif par eux prétendu , de vendre &
faire commerce de Vins de liqueur dans cette Ville & Fauxbourgs de Paris, en conféquence, ordonner qu'il fera permis
à tous Bourgeois & autres, de faire venir dans cette Ville de
Paris, telle quantité de Vins de Liqueurs qu'ils jugeront à propos, en payant les Droits dûs au Roy, conformément à l'Ordonnance ; & en cas de conteſtation , condamner les Conteſtans aux dépens d'une part , & ledit Dupin, leſdits Maîtres &
Gardes des Corps de la Communauté des Marchands de Vins,
& leſdits Maîtres & Gardes des Marchands Epiciers , Apoticaires-Epiciers de cette Ville de Paris, défendeurs d'autre : &
entre la Communauté des Marchands Fayanciers-Emailleurs
de la Ville de Paris, demandeurs en Requête du 26. Août 1721.
à ce qu'il plût à la Cour les recevoir parties intervenantes en
la Caufe ; faifant droit fur l'intervention, debouter les Marchands de Vins de leur demande, à ce qu'ils ayent le droit exclufif, de vendre des Vins d'Alican, de Canarie & autres Vins
de Liqueurs ; en conféquence , ordonner que les Fayanciers-
Emailleurs continuëront de vendre ces fortes de Vins comme
ils ont toujours fait ; & en cas de conteſtation, condamner les
Conteſtans aux dépens, d'une part ; & leſdits Dupin , Maîtres
& Gardes du Corps & Communauté des Marchands de Vins,
Cordier, Maîtres & Gardes des Marchands Epiciers, & Apoticaires-Epiciers, défendeurs d'autre : & entre leſdits Maîtres &
Gardes des Marchands Epiciers, & Apoticaires-Epiciers de la
Ville de Paris, demandeurs en Requête dudit jour 26. Août
1721. à ce qu'ils fuſſent reçûs parties intervenantes en la Caufe ; faifant droit fur l'intervention, mettre fur l'appel interjetté
par le fieur Dupin à leur égard de la Sentence du Lieutenant
général de Police, du 29. Juillet 1721. l'appellation au néant,
ordonner que ce dont a été appellé, fortira effet ; condamner ledit fieur Dupin en l'amende, recevoir leſdits Maîtres & Gardes des Marchands Epiciers, & Apoticaires-Epiciers, appellans
de ladite Sentence aux Chefs qui leur font préjudice ; faifant
droit fur ledit appel, mettre l'appellation, & ce dont a été appellé au néant, émandant maintenir & garder les Marchands

Epiciers au droit & poſſeſſion de faire venir, vendre & débiter toutes ſortes de Vins étrangers, faire défenſes à toutes perſonnes ſans qualité d'en vendre ; en conſéquence, adjuger auſdits Maîtres & Gardes des Marchands Epiciers, & Apoticaires-Epiciers telle ſomme qu'il plaira à la Cour ſur les deniers qui proviendront de la vente des marchandiſes dont la confiſcation a été prononcée par la Sentence dont ledit ſieur Dupin eſt appellant, d'une part ; celles deſdits Dupin, & Maîtres & Gardes du Corps & Communauté des Marchands de Vins, Intimés & défendeurs d'autre : & entre la Communauté des Fayanciers-Emailleurs, & ledit Cordier, défendeurs d'autre : & entre ledit Dupin, demandeur en Requête du 27. Août 1721. à ce qu'en plaidant la Cauſe, il plût à la Cour mettre l'appellation, & ce dont a été appellé au néant, émandant déclarer les ſaiſies faites à la requête des Maîtres & Gardes des Marchands, des 147. Pipes de Vins de Canarie, 134. Pipes de Vins d'Alican, 102. Bouteilles de Cidre, 2500. Caraffons vuides, & 14. Caraffons pleins de Vins de Canarie & d'Alican, le tout appartenant audit Dupin ; les Procès verbaux du Commiſſaire Labbé, dans les Caves où ſont les Vins, & toute la Procedure faite en conſéquence, nulles, injurieuſes tortionnaires & déraiſonnables, faire main-levée audit ſieur Dupin des choſes ſaiſies, dont les gardiens, Commiſſaire & dépoſitaires demeureront déchargés, débouter leſdits Maîtres & Gardes des Marchands de Vins de toutes leurs demandes, décharger ledit ſieur Dupin des condamnations portées par ladite Sentence ; ordonner que le Subſtitut de M. le Procureur général au Châtelet, ſera tenu de nommer ſon dénonciateur pour la pourſuite des dommages & interêts dûs audit ſieur Dupin ; condamner les Maîtres & Gardes des Marchands de Vins en 2000. liv. de dommages & interêts, ſi mieux ils n'aimoient, ſuivant la liquidation qui en ſera faite en la maniere accoutumée, & aux dépens, tant des cauſes principales que d'appel, d'une part, & leſdits Maîtres & Gardes du Corps & Communauté des Marchands Epiciers, & Apoticaires-Epiciers, Cordier & la Communauté des Fayanciers-Emailleurs, défendeurs d'autre : Après que Quillet de Blaru, Avocat de Dupin, Guérin Avocat de Cordier, Groteſte Avocat des Fayanciers de Paris, Prevôt Avocat des Maîtres & Gardes des Marchands Epiciers, & Apoticaires, & Normant Avotât des Maîtres & Gardes du Corps des Marchands de Vins de Paris, ont été ouïs pendant deux Audiences ; ensemble de Lamoignon pour notre Procureur général. NOTREDITE COUR, sur l'intervention de la Partie de Guerin, met les Parties hors de Cour, reçoit les Parties de Grotefte & de Prevôt Parties intervenantes, & celles de Prevôt appellantes ; ayant aucunement égard à leurs interventions, & faifant droit fur l'appel des Parties de Prevôt, a mis & met l'appellation & ce dont à été appellé au néant, émandant, maintient refpectivement les Parties de Prevôt, de Grotefte & de Normand, & autres, dans la poffeffion où elles font, d'acheter & vendre des Vins de Liqueurs, en fe conformant aux Réglemens de Police, & aux Statuts de leurs Communautés ; & faifant droit fur l'appel interjetté par la Partie de Quillet de Blaru, a mis & met l'appellation & ce dont a été appellé au néant ; émandant, la Partie déchargée des condamnations portées par la Sentence ; en conféquence, fait main-levée des faifies fur elle faites à la requête des Parties de Normant, fera néanmoins tenu de rembourfer aux Parties de Normant les frais de faifies par elles faits ; faifant droit fur la réquifition de notre Procureur général, enjoint à la Partie de Quillet de Blaru de fe conformer à l'Ordonnance ; ordonne qu'à l'avenir toutes perfonnes de quelques qualités & profeffions qu'elles foient, qui feront arriver à Paris plus grande quantité que deux Pipes de Vins de Liqueurs, feront tenus de faire leur déclaration au Greffe de l'Hôtel de Ville, dans huitaine du jour de l'arrivée, des lieux où les Vins auront été enlevés, d'en faire fixer le Prevôt des Marchands conformément à ladite Ordonnance, & de mettre des Affiches qui contiendront le prix fixé ; fur la demande en dommages & intérêts de la Partie de Quillet de Blaru, met les Parties hors de Cour, tous dépens compenfés entre toutes les Parties. SI TE MANDONS mettre le préfent Arrêt à exécution, de ce faire te donnons pouvoir. FAIT à Paris en notredite Cour de Parlement, le troifiéme jour de Septembre mil fept cent vingt-un, & de notre Regne le feptiéme. Collationné avec paraphe. Signé, DUFRANC, avec paraphe.

Signifié le 23. Septembre 1721.

Le préfent Arrêt a été imprimé à la diligence & du tems

de la Jurande de Jean Raux, François Jacquemart, Nicolas Vincent & Guillaume Armant.

***********:**************.******

SENTENCES

DE POLICE,

QUI condamnent le nommé Cochois, à payer les Droits dûs aux Jurez de la Communauté des Marchands Verriers-Fayanciers-Emailleurs à Paris, pour la Visite des Fayances qu'il a fait entrer en ladite Ville.

Des 9. Juin & premier Décembre 1724.

A TOUS ceux qui ces présentes Lettres verront. Gabriel-Jerome de Bullion, Chevalier-Comte d'Esclimont, Prevôt de Paris : SALUT, sçavoir faisons, que sur la Requête faite en Jugement devant Nous en la Chambre de Police du Châtelet de Paris, par Me. Claude Gouallard l'aîné, Procureur des Jurez en charge de la Communauté des Maîtres & Marchands Verriers-Fayanciers-Emailleurs à Paris, Demandeurs en confirmation de l'avis contradictoire de Monsieur le Procureur du Roy du 12. May dernier, suivant la Requête verbale signifié le 16. dudit mois par Tristan Audiancier, ledit Avis portant que les Statuts & Réglemens de ladite Communauté seront exécutez, & en conséquence le ci-après nommé condamné à payer ausdits Jurez la somme de 23. livres 12. sols, pour les Droits de Visite des Marchandises en question, interêts & dépens, assisté de Me. Sandrier leur Avocat, contre Me. Brigeon Procureur de Jean-Baptiste Cochois, Marchand de Fayance de Rouen Défendeur ; & par vertu du défaut de Nous donné, contre ledit Me. Brigeon audit nom, non comparent. Vû l'Avenir à ce jour : NOUS avons l'avis du Procureur du Roy du 12. May dernier confirmé pour être exécuté selon sa forme & teneur, avec dépens ; ce qui sera exécuté sans préjudice de l'appel : En témoin de quoi Nous avons fait sceller ces Présentes, qui furent faites & données par Messire Jean-Baptiste-Nicolas Ravot d'Ombreval, Conseiller du Roy en ses Conseils, Maître des Requêtes ordinaire de son Hôtel, Conseiller d'honneur en sa Cour des Aydes, Lieutenant Général de Police de la Ville, Prévôté & Vicomté de Paris, tenant le Siége le Vendredy 9. Juin 1724. Signé par Collation, TARDIVEAU. Et Scellé.

Signifié à Me. Brigeon Procureur, le 8. Juillet 1724. par ARNOULT, Audiencier.

A TOUS ceux qui ces présentes Lettres verront. Gabriel-Jérome de Bullion, Chevalier Comte d'Esclimont, Mestre de Camp du Régiment de Provence Infenterie, Conseiller du Roy en ses Conseils, Prévôt de Paris. SALUT, sçavoir faisons ; Que sur la Requête faite en Jugement devant Nous en la Chambre de Police, par Me. Claude Gouallard l'aîné, Procureur des Jurez en charge de la Communauté des Maîtres & Marchands Verriers-Fayanciers-Emailleurs à Paris, Demandeurs en exécution de notre Sentence du 9. Juin dernier & Défendeurs à l'opposition y formée, par Requête du 26. Juillet suivant, & à la demande incidente portée par des moyens du 29. & aux fins de la Requête verbale du 7. Août suivant, & Demandeurs incidemment suivant leurs moyens signifiez le 17. à ce que les deniers étant ès mains du sieur Jacquemart, l'un des Maîtres de ladite Communauté, appartenans au sieur Cochois, ci-après nommé, seroient donnez & délivrez ausdits Jurez, en déduction ou jusqu'à concurrence des 23. livres 12. sols, à eux dûs & adjugez par notredite Sentence, intérêts & frais, & défendeurs à la Requête verbale signifiée le 21. dudit mois ; Et encore demandeurs en exécution de notre Sentence du 29. assisté de Me. Sandrier leur Avocat, contre Me. Brigeon, Procureur du sieur Jean-Batiste Cochois, Marchand Forain de Fayance, demeurant à Rouen, Défendeur & Demandeur, assisté de Me. Duret, son Avocat. Parties ouyes :

NOUS avons la Partie de Duret débouté de son opposition, & en conséquence disons que notre Sentence du 9. Juin sera exécutée avec dépens ; & pour faciliter le payement de la somme de 23. livres 12. sols, adjugée par notre Sentence, intérêts & frais ; DISONS, Que les deniers dûs à ladite Partie de Duret par le sieur Jacquemart, seront donnés & délivrés à celle de Sandrier, en déduction ou jusqu'à concurrence de ladite somme, intérêts & frais ; Ce qui sera exécuté nonobstant & sans préjudice de l'appel. En témoin de ce Nous avons fait sceller ces Présentes, qui furent faites & données par Messire Jean-Baptiste Ravot, Chevalier Seigneur d'Ombreval, Conseiller du Roy en ses Conseils, Lieutenant Général de Police au Châtelet de Paris, tenant le Siege le Vendredi premier Décembre mil sept cent vingt-quatre. Signé par Collation, CUIRET. Et scellé le neuf Décembre mil sept cent vingt-quatre. Signé, DOYARD, Audiencier.

Signifié à Me Brigeon à domicile, le 14 Décembre 1724. Signé, TRISTANT, Audiencier.

Lesdites Sentences ont été obtenuës à la diligence de NICOLAS ROBERT, NICOLAS MARTINIERE, PIERRE MESSAGER & MATHURIN LENEUTRE, lors Jurés en Charge.

ARREST
DE LA COUR
DE PARLEMENT,

Du 2. Avril 1727.

LOUIS par la grace de Dieu Roy de France & de Navarre : Au premier Huissier de notre Cour de Parlement ou autre notre Huissier ou Sergent sur ce requis : Sçavoir faisons fons, qu'entre Maître Jean-Baptifte Cochois, Marchand Forain, Manufacturier de Fayances à Roüen, Appellant de deux Sentences renduës par le Lieutenant Général de Police du Châtelet de Paris, des 16 Novembre 1725. & 11 Janvier 1726. par la premiere defquelles il a été ordonné que les Statuts de la Communauté des Intimés ci-après nommés, Arrêts & Reglement d'icelle, feront exécutés; en conféquence la faifie faite à leur Requête fur ledit Cochoix, déclarée bonne & valable, lefdites marchandifes faifies, portées au Bureau de ladite Communauté, pour y être venduës; & néanmoins pour cette fois le prix en provenant, rendu audit Cochois, icelui condamné en trente liv. de dommages & interêts envers les Intimés, en dix liv. d'amende, avec défenfe de récidiver, fous telle peinequ'il appartiendroit, & aux dépens; & par la féconde, ordonné que la premiere fera exécutée avec dépens, & Demandeur en Requêtes des 10 Juillet 1726. & 27 Mars dernier. La premiere, en ce qu'en infirmant lefdites Sentences il fût déchargé des condamnations contre lui prononcées par icelles, la faifie de fes marchandifes & effets, faite à la requête des Intimés ci-après nommés, le dix-huit Octobre 1725. & établiffement de Commiffaire & Gardien déclarés nuls, que main-levée lui en fût faite à la représentation Damour, Gardien, contraint par corps, comme dépofitaire de biens de Juftice, quoi faifant déchargé, les Intimés condamnés en trois mille livres de dommages & interêts & aux dépens des Caufes principale, d'Appel, & Demande : Et la deuxième, à ce que main-levée pure & fimple lui fût faite de la faifie-arrêt fur lui faite à la requête des Intimés, entre les mains de François Jacquemarc, à payer & rendre à fes mains par ledit Jacquemarc en celle dudit Cochois contraint; quoi faifant, déchargé avec dommages, interêts & dépens d'une part; les Intimés, Maîtres & Gardes de la Communauté des Maîtres & Marchands Verriers, Fayanciers, Emailleurs de cette Ville & Fauxbourgs de Paris, Intimés & Defendeurs d'autre part : Après que Cadet, Avocat de Jean-Baptifte Cochois, & Pecouleau, Avocat de la Communauté des Verriers-Fayanciers ont été ouis : Enfemble Gilbert pour le Procureur Général du Roy. LADITE COUR, fans s'arrêter à la Requête de la Partie de Cadet, afin de main-levée de la faifie des marchandifes en queftion, a mis & met

H

l'Appellation au néant ; Ordonne que ce dont a été appellé, fortira effet, condamne l'Appellant en l'amende de douze livres, & aux dépens ; & néanmoins de grace a moderé l'amende à trois livres, & les dommages & interêts à dix livres. Sur la demande afin de main-levée des faifies & arrêts : Ordonnent que les Parties fe pourvoiront. Si MANDONS mettre le préfent Arrêt à exécution felon fa forme & teneur ; de ce faire te donnons pouvoir. DONNE' en Parlement le deux Avril, l'an de grace mil fept cent vingt-fept, & de notre Regne le douze. Collationné. LUCAS. Par la Chambre, Signé, MINET.

Le neuf Avril mil fept cent vingt-fept, fignifié & baillé copi e à Me Albin, Procureur, en fon domicile, parlant à fon Clerc. Signé, GADBOIS.

Le préfent Arrêt a été obtenu à la diligence des Sieurs CLAUDE FAY, CHOUDAR-DES-FORGES ; JEAN-BAPTISTE-MARIE BELLEVAUX & EDME-HENRY THOMAS, lors Jurés en Charge.

SENTENCE

DE M. LE LIEUTENANT GENERAL

DE POLICE.

QUI déclare valable la Saifie faite chez le Sieur de Prefle, Marchand Mercier, de plufieurs Criftaux expofés en vente dans fon Magafin ; & fait défenfes audit de Prefle de plus à l'avenir entreprendre fur la Profeffion des Fayanciers.

A Tous ceux qui ces Préfentes Lettres verront Gabriel-Jerôme de Bullion, Chevalier, Comte d'Efclimont, Meftre de Camp du Régiment de Provence, Infanterie, Prevôt de Paris.

SALUT, fçavoir faifons, que fur la requête faire en Jugement de vant nous à l'Audience de la Chambre de Police du Châtelet de Paris, par Me Milet, Procureur des Jurés en Charge de la Communauté des Marchands Verriers-Fayanciers-Emailleurs à Paris, Demandeurs aux fins de leur Requête & Exploit des 12 & 15 Octobre dernier, faits par Girard, Huiffier à Cheval de la Cour, contrôlé & préfenté, & Défendeurs à la demande incidente portée par les moyens fignifiés le 30 dudit mois, & affiftés de Me Sandrier leur Avocat, contre Me le Rebours, Procureur du fieur le Prefle, Marchand Mercier à Paris, Défendeur aux Requêtes & Exploit fufdattés, & incidemment Demandeur, & fuivant les moyens auffi fufdattés & affifté de Me Duret leur Avocat : Parties ouies, fans que les qualités puiffent nuire ni préjudicier, nous avons la faifie en queftion déclarée bonne & valable ; en conféquence, Ordonnons que les chofes faifies feront venduës au Bureau des Parties de Sandrier, pour les deniers en provenans pour cette fois, & fans tirer à conféquence, être rendus à la Partie de Duret, à l'exception de trente livres qui demeureront aux Parties de Sandrier par forme de dommages & interêts, faifons défenfes à la Partie de Duret de plus à l'avenir entreprendre fur la Profeffion des Parties de Sandrier ; condamnons la Partie de Duret aux dépens, ce qui fera exécuté nonobftant & fans préjudice de l'Appel : En témoin de ce, nous avons fait fceller ces Préfentes. Ce fut fait & donné par Meffire René Herault, Chevalier, Confeiller d'Etat, Lieutenant Général de Police de la Ville, Prevôté & Vicomté de Paris, tenant le Siége le Vendredi 15 Novembre mil fept cent trente-fept. Collationné. Signé, CUYRET, Scellé le 7 Décembre 1737. SAUVAGE.

H ij

ARREST
DE LA COUR
DU PARLEMENT,
Confirmatif de ladite Sentence.

Du quatorze Juillet 1742.

LOUIS par la grace de Dieu Roy de France & de Navarre : Au premier des Huissiers de notre Cour de Parlement ou autre Huissier ou Sergent sur ce requis ; Sçavoir faisons, qu'entre Charles de Presle, Marchand Mercier à Paris, Appellant de Sentence du Lieutenant Général de Police du Châtelet de Paris, du 25 Novembre 1737. de la saisie du 14 Octobre précedent, & de tout ce qui a suivi, d'une part, & les Jurés en Charge de la Communauté des Maîtres & Marchands Verriers-Fayanciers-Emailleurs à Paris, Intimés d'autre part, & entre les Maîtres & Gardes du Corps des Marchands Merciers-Grossiers-Jouailliers de la Ville & Fauxbourgs de Paris, Demandeurs en Requête du 21 Janvier 1738. afin d'intervention, & Appellans desdites Sentences & Saisie, d'une part, & lesdits Jurés de la Communauté des Fayanciers, Défendeurs & Intimés d'autre part ; & entre ledit le Presle, Demandeur en Requête du treiziéme May 1740. d'une part, & lesdits Jurés de la Communauté des Fayanciers, Défendeurs d'autre part ; & entre lesdits Jurés de la Communauté des Fayanciers-Verriers-Emailleurs à Paris, Demandeurs en Requête du quinziéme Juin 1740. d'une part, & lesdits Maîtres & Gardes du Corps des Marchands Merciers-Grossiers-Jouailliers de la Ville & Fauxbourgs de Paris, & ledit de Presle, Défendeurs d'autre part. VEU par notre Cour le Procès-verbal de saisie faite le 14 Octobre 1737. à la requête desdits Jurés Fayanciers, en vertu

d'une Ordonnance du Lieutenant Général de Police au Châtelet de Paris, fur ledit de Prefle, en fa maifon & Magafin, de
plufieurs & differentes marchandifes d'office en Criftal fondu
dans les Manufactures de France, énoncées audit Procès-verbal,
aufquelles auroit été établi Gardien. Sentence dont eft Appel,
contradictoirement renduë par le Lieutenant Général de Police
du Châtelet de Paris, entre lefdits Jurés Fayanciers & ledit
de Perfle, le quinziéme Novembre 1737. par laquelle ladite
faifie du quatorziéme Octobre précedent auroit été déclarée
bonne & valable ; en conféquence, il eft ordonné que les chofes faifies feront venduës au Bureau des Fayanciers, pour les
deniers en provenans, pour cette fois & fans tirer à conféquence, être rendus audit de Prefle, à l'exception de trente livres qui demeureront aufdit Jurez Fayanciers, par forme de
dommages-interêts, & fait défenfes audit de Prefle de plus à
l'avenir entreprendre fur la Profeffion defdits Jurés Fayanciers,
& ledit de Prefle eft condamné aux dépens. Requête defdits
Maîtres & Gardes du Corps des Marchands Merciers Grof-
fiers-Jouailliers de Paris, du 21 Janvier 1738. tendante à ce
qu'ils fuffent reçûs Parties intervenantes en la caufe d'Appel
d'entre ledit de Prefle & lefdits Jurés Fayanciers, & Appellans de ladite faifie du 14 Octobre 1737. & de ladite Sentence
du Lieutenant Général de Police du Châtelet, du 15 Novembre fuivant, il leur fût donné Acte de ce que pour moyens d'intervention ils employoient le contenu en leur Requête ; faifant
droit fur leur Appel, l'Appellation & ce dont eft Appel fuffent mis au neant : Emandant, la faifie faite fur ledit de Prefle
le 14 Octobre 1737. fût déclarée nulle, injurieufe, tortionnaire & déraifonnable, comme induëment faite fans droit, qualité ni interêt de la part defdits Jurés Fayanciers, fauf les dommages-interêts de la part defdits Jurés Fayanciers, fauf les
dommages-interêts acquis audit de Prefle, défenfes fuffent faites aufdits Jurés Fayanciers de plus récidiver, ni de troubler
à l'avenir ledit de Prefle & tous autres Marchands Merciers,
dans le commerce des chofes faifies & dont eft queftion, à peine d'amende & de tous dépens, dommages & interêts, défenfes fuffent faites en outre fous les mêmes peines & telle qu'il
appartiendra aux Maîtres Verriers - Fayanciers de s'immifcer
à faire en quelque forte & maniere que ce foit, le commerce

defdites Marchandifes de Plateaux avec toutes les fournitures & garnitures affemblées & adherantes à iceux, il leur fût enjoint de fe reftraindre à leur état & mêtier, & de ne faire débit que des Vafes & Criftaux, acceffoires feulement ; & au furplus lefdits Marchands Merciers fuffent gardés & maintenus dans la liberté de leur commerce indéfini de la marchandife de Plateaux en entier, par un compofé de toutes les Parties en dépendantes, & ce, à l'exclufion de tous autres, & lefdits Jurés Fayanciers fuffent condamnés aux dépens. Arrêt de notredite Cour, du 3 Mars 1740. par lequel lefdits Maîtres & Gardes des Marchands Merciers auroient été reçûs Parties intervenantes & Appellans ; & pour faire droit fur les appellations, enfemble fur la demande, les Parties ont été appointées au Confeil & en droit & joint. Autre Arrêt de notredite Cour du 18 Mars 1740. par lequel il auroit été ordonné que les qualités du précedent feroient réformées, en ce qu'on y a employé la Requête defdits Maîtres & Gardes des Marchands Merciers, fous la datte du 4 Fevrier 1738. ce faifant, que ladite Requête demeurera employée fous celle du 21 Janvier audit an, fa veritable datte, & au furplus ledit Arrêt exécuté. Productions des Parties en axécution defdits Arrêts, celle dudit de Prefle, par Requête du 13 May 1740. employée pour caufes & moyens d'Appel, & contenant demande, tendante à ce que l'appellation & ce dont eft appel fuffent mis au néant : Emandant, fans s'arrêter aux demandes defdits Jurés Fayanciers, dont ils feront déboutés, la faifie faite fur ledit de Prefle le 14 Octobre 1737. de fes Plateaux & autres marchandifes fût déclarée nulle, injurieufe, tortionnaire & déraifonnable, mainlevée pure & fimple lui en fût faite à la repréfentation & délivrance en fes mains, les Gardiens & dépofitaires contraints par toutes voyes dûës & raifonnables, quoi faifant, dechargés, & lefdits Jurés Fayanciers fuffent condamnés en cinq cens livres de dommages & interêts & en tous les dépens des caufes principales, d'appel & demandes, défenfes leur fuffent faites de plus troubler ledit de Prefle dans fon commerce, ni d'ufer de pareilles voyes fous plus grandes peines, au bas de laquelle Requête auffi employée pour écritures & productions fur ladite demande eft appofée l'Ordonnance de notredite Cour qui l'auroit réglée en droit & joint à l'Inftance, & donné Acte

de l'emploi. Sommations de satisfaire à ladite Ordonnance.
Requête des Jurés de la Communauté des Fayanciers, du 29
Mars 1740. employée pour causes & moyens d'Appel & Avertissement. Addition d'Avertissement des Jurés Fayanciers, du
14 May 1740. Requête desdits Jurés Fayanciers, du 14 Juin
audit an, employée pour réponses aux causes & moyens d'Appel dudit de Presle. Défenses à sa demande, du 13 May, écritures & productions suivant l'Ordonnance au bas d'icelle. Requête des Jurés Fayanciers, du 14 Juin audit an 1740. employée pour contredits contre la production dudit de Presle.
Autre Requête des Jurés Fayanciers du même jour 14 Juin,
employée pour réponses aux causes & moyens d'Appel des
Merciers, & contredits contre leur production. Autre Requête
des Jurés Fayanciers, du 15 Juin 1740. tendante à ce qu'en
expliquant en tant que besoin les conclusions par eux prises en
l'Instance, contre ledit de Presle, & les Maîtres & Gardes du
Corps des Marchands Merciers & dudit de Presle, sur l'appellation dudit de Presle, ladite appellation fût mise au néant
avec amende ; ce faisant, il fût ordonné que les Arrêts de notredite Cour rendus entre lesdits Jurés des Fayanciers & les
Maîtres & Gardes des Marchands Merciers, les neuviéme Avril
1704. & dix-huitiéme Décembre 1711. seront exécutés selon
leur forme & teneur ; en conséquence lesdits Jurés & Communauté des Fayanciers fussent maintenus & gardés dans le droit
& possession de vendre seuls en détail des Goblets, Soucoupes,
Bouquetiers, Guéridons en Cristal, & toutes sortes de marchandises de Verrerie & de Cristaux, autres que de Cristal de
Roche, telles qu'elles se fabriquent dans les Verreries & Manufactures de France & des Pays Etrangers, & à quelqu'usage
que lesdites Verreries & Cristaux puissent servir & être destinées,
& ledit de Presle & les Merciers fussent condamnés aux dépens,
au bas de laquelle Requête aussi employée pour écritures &
production sur ladite demande, est apposée l'Ordonnance de
notredite Cour qui l'auroit réglée en droit & joint à l'Instance,
& donné Acte de l'emploi. Sommation de satisfaire à ladite Ordonnance. Production nouvelle des Jurés de la Communauté
des Fayanciers, par Requête du 13 Juin 1740. contenant demande, tendante à ce qu'il leur fût donné Acte des déclaration & aveu faits par ledit de Presle, par ses défenses fournies
au Châtelet le 30 Octobre 1737. il est défendu aux Merciers

de vendre en détail, & pièce à pièce, les marchandises de la nature de celles sur lui saisies, que ce commerce est réservé aux Fayanciers; & que s'il étoit prouvé qu'il eût vendu de ces marchandises en détail, il y auroit lieu de soutenir qu'il avoit été en contravention; en conséquence, sans avoir égard au surplus des défenses dudit de Presle, les conclusions prises par lesdits Fayanciers leur fussent adjugées avec depens, au bas de laquelle Requête est l'Ordonnance de notredite Cour qui auroit reçû ladite production nouvelle, & au surplus réservé à y faire droit en jugeant. Sommation de contredire ladite production nouvelle. Contredits des Maîtres & Gardes du Corps des Marchands Merciers, du 22 Juillet 1741. contre la production des Fayanciers. Production nouvelle des Merciers, par Requête du 3 Août 1741. Contredits des Jurés Fayanciers, contre icelle, du 18 Août dernier. Sommations générales de satisfaire à tous les Réglemens de l'Instance. Conclusions de notre Procureur Général; tout joint & considéré: NOTREDITE COUR, faisant droit sur le tout, a mis & met les appellations au néant, ordonne que ce dont a été appellé sortira son plein & entier effet, & cependant ne pourront les Maîtres & Marchands Verriers-Fayanciers-Emailleurs, vendre d'autres Plateaux que de Verre, Cristal, Fayance & Porcelaines; sur le surplus des autres demandes, fins & conclusions, met les Parties hors de Cour & de procès, condamne ledit de Presle & lesdits Maîtres & Gardes du Corps des Marchand-Merciers-Grossiers-Jouailliers en l'amende de douze liv. & en tous les dépens des Causes d'appel, intervention & demandes. MANDONS mettre le présent Arrêt à dûe & entiere exécution selon sa forme & teneur, de ce faire te donnons pouvoir. DONNÉ en notre Parlement le quatorze Juillet, l'an de grace mil sept cent quarante deux, & de notre Regne le vingt septiéme. Collationné. LE SEIGNEUR. Par la Chambre, Signé, DUFRANC.

La présente Sentence & Arrêt ont été obtenus à la diligence des Sieurs LOUIS BRANLARD, LUCIEN-SIMON LE NEUTRE, HENRY HENRY, NICOLAS-JACQUES FRICOT, lors Jurés en Charge en l'année 1742.

Les présens Statuts, Réglement, Sentences & Arrêts ont été réimprimés à la diligence des Sieurs Jurés en Charge ci-dessus nommés.

www.ingramcontent.com/pod-product-compliance
Lightning Source LLC
Chambersburg PA
CBHW070940280326
41934CB00009B/1954